读书的方法与技巧

中国编辑学会 编

人民出版社

目　录

梁启超

国学入门书要目及其读法

序

两月前，《清华周刊》记者以此题相属，蹉跎久未报命。顷独居翠微山中，行箧无一书，而记者督责甚急，乃竭三日之力，专凭忆想所及草斯篇。漏略自所不免，且容有并书名、篇名亦忆错误者，他日更当补正也。

中华民国十二年四月二十六日启超作于碧摩岩揽翠山房

（甲）修养应用及思想史关系书类

○《论语》《孟子》

《论语》为两千年来国人思想之总源泉。《孟子》自宋以后势力亦与相埒。此二书可谓国人内的外的生活之支配者，故吾希望学者熟读成诵；即不能，亦须翻阅多次。务略举其辞，或摘记其身心践履之言，以资修养。

《论语》《孟子》之文，并不艰深。宜专读正文，有不解处，方看注释。注释之书，朱熹《四书集注》，为其生平极矜慎之作，可读，但其中有堕入宋儒理障处，宜分别观之。清儒注本，《论语》则有戴望《论语注》，《孟子》则有焦循《孟子正义》，最善。戴氏服膺颜习斋之学，最重实践，所注似近孔门真际，其训诂亦多较朱注为优，其书简洁易读。焦氏服膺戴东原之学，其《孟子正义》在清儒诸经新疏中为最佳本，但文颇繁，宜备置案头，遇不解时或有所感时，则取供参考。

戴震《孟子字义疏证》，乃戴氏一家哲学，并非专为注释《孟子》而作，但其书极精辟，学者终须一读。最好是于读《孟子》时并读之，既知戴学纲领，亦可以助读《孟子》之兴味。

焦循《论语通释》，乃摹仿《孟子字义疏证》而作，将全部《论语》拆散，标举重要诸义，如言仁，言忠恕……列为若干目，通观而总诠之，可称治《论语》之一良法，且可应用其法以治他书。

右两书篇页皆甚少，易读。

陈澧《东塾读书记》中读《孟子》之卷，取孟子学说分项爬梳，最为精切。其书不过二三十页，宜一读以观前辈治学方法，且于修养亦有益。

○《易经》

此书为孔子以前之哲学书，孔子为之注解。虽奥衍难究，然总须一读。吾希望学者将《系辞传》《文言传》熟读成诵，其《卦象传》六十四条，则用别纸抄出，随时省览。

后世说《易》者言人人殊。为修养有益起见，则程颐之《程氏易传》差可读。

后世说《易》最近真者，吾独推焦循。其所著《雕菰楼易学》三书（《易通释》《易图略》《易章句》），皆称精诣。学者如欲深通此经，可取读之，否则可以不必。

○《礼记》

此书为战国及西汉之"儒家言"丛编，内中有极精纯者，亦有极破碎者。吾希望学者将《中庸》《大学》《礼运》《乐记》四篇熟读成诵。《曲礼》《王制》《檀弓》《礼器》《学记》《坊记》《表记》《缁衣》《儒行》《大传》《祭义》《祭法》《乡饮酒义》诸篇，多浏览数次，且摘录其精要语。若欲看注解，可看《十三经注疏》内郑注、孔疏。《孝经》之性质与《礼记》同，可当《礼记》之一篇读。

○《老子》

道家最精要之书。希望学者将此区区五千言熟读成诵。注释书未有极当意者，专读白文自行寻索为妙。

○《墨子》

孔、墨在先秦时，两圣并称，故此书非读不可。除《备城门》以下各篇外，余篇皆宜精读。注释书以孙诒让《墨子间诂》为最善，读《墨子》宜即读此本。《经》上下、《经说》上下四篇，有张惠言《墨子经说解》及梁启超《墨经》两书可参观，但皆有未精惬处。《小取》篇有胡适新诂可参观。梁启超《墨子学案》，属通释体裁，可参观助兴味；但其书为临时讲义，殊未精审。

○《庄子》

《内篇》七篇及《杂篇》中之《天下篇》最当精读。注释书有郭庆藩之《庄子集释》差可。

○《荀子》

《解蔽》《正名》《天论》《正论》《性恶》《礼论》
《乐论》诸篇最当精读。余亦须全篇浏览。注释书，
王先谦《荀子注》甚善。

○《尹文子》《慎子》《公孙龙子》

今存者皆非完书，但三子皆为先秦大哲，虽断
简亦宜一读。篇帙甚少，不费力也。《公孙龙子》
之真伪，尚有问题。三书皆无善注，《尹文子》《慎
子》易解。

○《韩非子》

法家言之精华，须全部浏览。（其特别应精读
之诸篇，因手边无原书，胪举恐遗漏，他日补列。）
注释书，王先慎《韩非子集解》差可。

○《管子》

战国末年人所集著者，性质颇杂驳，然古代各

家学说存其中者颇多，宜一浏览。注释书，戴望《管子校正》甚好。

○《吕氏春秋》

此为中国最古之类书，先秦学说存其中者颇多，宜浏览。

○《淮南子》

此为秦汉间道家言荟萃之书，宜稍精读。注释书，闻有刘文典《淮南鸿烈集解》颇好。

○《春秋繁露》

此为西汉儒家代表的著作，宜稍精读。注释书，有苏舆《春秋繁露义证》颇好。康有为之《春秋董氏学》，为通释体裁，宜参看。

○《盐铁论》

此书为汉代儒家、法家对于政治问题对垒抗辩之书，宜浏览。

○《论衡》

此书为汉代怀疑派哲学，宜浏览。

○《抱朴子》

此书为晋以后道家言代表作品，宜浏览。

○《列子》

晋人伪书，可作魏晋间玄学书读。

右所列为汉晋以前思想界之重要著作。

六朝隋唐间思想界著光彩者为佛学，其书目当别述之。

以下举宋以后学术之代表书，但为一般学者节啬精力计，不愿多举也。

○《近思录》，朱熹著，江永注。

读此书可见程朱一派之理学，其内容何如。

○《朱子年谱》，附朱子《论学要语》，王懋竑著。

此书叙述朱学全面目最精要，有条理。若欲研究程朱学派，宜读《二程遗书》及《朱子语类》。非专门斯业者可置之。南宋时与朱学对峙者，尚有吕东莱之文献学一派，陈龙川、叶水心之功利主义一派，及陆象山之心学一派。欲知其详，宜读各人专集。若观大略，可求诸《宋元学案》中。

○《传习录》，王守仁语，徐爱、钱德洪等记。

读此可知王学梗概。欲知其详，宜读《王文成公全书》。因阳明以知行合一为教，要合观学问、事功，方能看出其全部人格。而其事功之经过，具见集中各文。故《阳明集》之重要，过于朱、陆诸集。

○《明儒学案》，黄宗羲著。

○《宋元学案》，黄宗羲初稿，全祖望、王梓材两次续成。

此二书为宋、元、明三朝理学之总记录，实为创作的学术史。《明儒学案》中姚江、江右王门、泰州、东林、蕺山诸案最精善。《宋元学案》中象山案最精善，横渠、二程、东莱、龙川、水心诸案亦好，晦翁案不甚好，百源（邵雍）、涑水（司马光）诸案失之太繁，反不见其真相。末附荆公（王安石）新学略最坏，因有门户之见，故为排斥。欲知荆公学术，宜看《王临川集》。

此二书卷帙虽繁，吾总望学者择要浏览，因其为六百年间学术之总汇，影响于近代甚深，且汇诸家为一编，读之不甚费力也。

清代学术史可惜尚无此等佳著。唐鉴之《国朝案小识》以清代最不振之程朱学派为立脚点，褊狭固陋，万不可读。江藩之《国朝汉学师承记》《国朝宋学渊源记》，亦学案体裁，较好。但江氏学识亦凡庸，殊不能叙出各家独到之处，万不得已，姑以备参考而已。启超方有事于《清儒学案》，汗青尚无期也。

○《日知录》《亭林文集》，顾炎武著。

顾亭林为清学开山第一人，其精力集注于《日知录》，宜一浏览。读《文集》中各信札，可见其立身治学大概。

○《明夷待访录》，黄宗羲著。

黄梨洲为清初大师之一，其最大贡献在两《学案》。此小册可见其政治思想之大概。

○《思问录》，王夫之著。

王船山为清初大师之一。非通观全书，不能见其精深博大。但卷帙太繁，非别为系统的整理，则学者不能读。聊举此书发凡，实不足以代表其学问之全部也。

○《颜氏学记》，戴望编。

颜习斋为清初大师之一。戴氏所编《学记》，颇能传其真。徐世昌之《颜李学》，亦可供参考，但其所集《习斋语要》《恕谷（李塨）语要》，将攻击宋儒语多不录，稍失其真。

顾、黄、王、颜四先生之学术，为学者所必须知，然其著述皆浩博，或散佚，不易寻绎，启超行将为系统的整理记述，以飨学者。

○《东原集》，戴震著。

○《雕菰楼集》，焦循著。

戴东原、焦里堂为清代经师中有清深之哲学思想者，读其集可知其学，并知其治学方法。启超所拟著之《清儒学案》东原、里堂两学案，正在属稿中。

○《文史通义》，章学诚著。

此书虽以文史标题，实多论学术流别，宜一

读。胡适著《章实斋年谱》，可供参考。

○《大同书》，康有为著。

南海先生独创之思想在此书。曾刊于《不忍杂志》中。

○《国故论衡》，章炳麟著。

可见章太炎思想之一斑。其详当读《章氏丛书》。

○《东西文化及其哲学》，梁漱溟著。

有偏宕处，亦有独到处。

○《中国哲学史大纲上卷》，胡适著。

○《先秦政治思想史》，梁启超著。

将读先秦经部、子部书，宜先读此二书，可引起兴味，并启发自己之判断力。

○《清代学术概论》，梁启超著。

欲略知清代学风，宜读此书。

（乙）政治史及其他文献学书类

○《尚书》

内中惟二十八篇是真书，宜精读。但其文佶屈聱牙，不能成诵亦无妨。余篇属晋人伪撰，一浏览便足。（真伪篇目，看启超所著《古书真伪及其年代》，日内当出版。）此书非看注释不能解，注释书以孙星衍之《尚书今古文注疏》为最好。

○《逸周书》

此书真伪参半，宜一浏览。注释书有朱右曾《逸周书集训校释》颇好。

○《竹书纪年》

此书现通行者为元明人伪撰。其古本，清儒辑出者数家，王国维所辑最善。

○《国语》《春秋左氏传》

此两书或本为一书，由西汉人析出，宜合读之。《左传》宜选出若干篇熟读成诵，于学文甚有益。读《左传》宜参观顾栋高《春秋大事表》，可以得治学方法。

○《战国策》

宜选出若干篇熟读，于学文有益。

○《周礼》

此书西汉末晚出，何时代人所撰，尚难断定。惟书中制度，当有一部分为周代之旧，其余亦战国秦汉间学者理想的产物，故总宜一读。注释书有孙诒让《周礼正义》最善。

○《考信录》，崔述著。

此书考证三代史事实最谨严，宜一浏览，以为治古史之标准。

○《资治通鉴》

此为编年政治史最有价值之作品，虽卷帙稍繁，总希望学者能全部精读一过。若苦干燥无味，不妨仿《春秋大事表》之例，自立若干门类，标治摘记作将来著述资料。（吾少时曾用此法，虽无成书，然增长兴味不少。）

王船山《读通鉴论》，批评眼光，颇异俗流，读《通鉴》时取以并读，亦助兴之一法。

○《续资治通鉴》，毕沅著。

此书价值远在司马原著之下，自无待言。无视彼更优者，姑以备数耳。或不读正《续资治通鉴》，而读《九种纪事本末》亦可。要之非此则彼，必须有一书经目者。

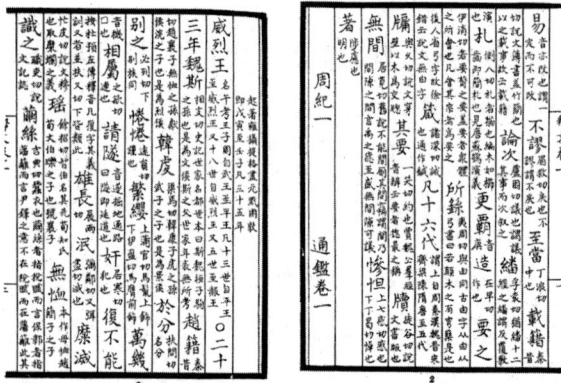

宋·史炤《资治通鉴释文》

○《文献通考》《续文献通考》《皇朝文献通考》

三书卷帙浩繁，今为学者摘其要目：《田赋考》《户口考》《职役考》《市籴考》《征榷考》《国用考》《钱币考》《兵考》《刑考》《经籍考》《四裔考》，必读。《王礼考》《封建考》《象纬考》，绝对不必读。其余或读或不读随人。（手边无原书，不能具记其目，有漏略当校补。）各人宜因其所嗜，择类读之，例如欲研究经济史财政史者，则读前七考。余仿此。马氏《文献通考》，本依仿杜氏《通典》而作。若尊创作，应举《通典》。今舍彼取此者，取其资料较丰富耳。吾辈读旧史，所贵者惟在原料，炉锤组织，当求之在我也。

《两汉会要》《唐会要》《五代会要》，可与《通鉴》合读。

○《通志二十略》

郑渔仲史识、史才皆迈寻常。《通志》全书卷帙繁，不必读。《二十略》则其精神所聚，必须浏览。其中与《通考》门类同者或可省。最要者，《氏族略》《六书略》《七音略》《校雠略》等篇。

○《二十四史》

《通鉴》《通考》，已浩无涯涘，更语及庞大之《二十四史》，学者几何不望而却走？然而《二十四史》终不可不读，其故有二：（一）现在既无满意之通史，不读《二十四史》，无以知先民活动之遗迹。（二）假令虽有佳的通史出现，然其书自有别裁，《二十四史》之原料，终不能全行收入。以故，《二十四史》终久仍为国民应读之书。

书既应读，而又浩瀚难读，则如之何？吾今试为学者拟摘读之法数条。

一曰就书而摘。《史记》《汉书》《后汉书》《三国志》俗称四史，其书皆大史家一手著述，体例精严，且时代近古，向来学人诵习者众，在学界之势力与六经诸子垺，吾辈为常识计，非一读不可。吾希望学者将此四史之列传，全体浏览一过，仍摘出若干篇稍为熟诵，以资学文之助，因四史中佳文最多也。（若欲吾举其目亦可，但手边无原书，当以异日。）四史之外，则《明史》共认为官修书中之最佳者，且时代最近，亦宜稍为详读。

二曰就事分类而摘读志。例如欲研究经济史、财政史，则读《平准书》《食货志》；欲研究音乐，则读《乐书》《乐志》；欲研究兵制，则读《兵志》；

欲研究学术史，则读《艺文志》《经籍志》，附以《儒林传》；欲研究宗教史，则读《北魏书·释老志》（可惜他史无之）。每研究一门，则通各史此门之志而读之，且与《文献通考》之此门合读。当其读时，必往往发见许多资料散见于各传者，随即跟踪调查其传以读之。如此引申触类，渐渐便能成为经济史、宗教史等等之长编，将来荟萃而整理之，便成著述矣。

三曰就人分类而摘读传。读名人传记，最能激发人志气，且于应事接物之智慧增长不少，古人所以贵读史者以此。全史各传既不能遍读（且亦不必），则宜择伟大人物之传读之，每史亦不过二三十篇耳。此外又可就其所欲研究者而择读：如欲研究学术史，则读《儒林传》及其他学者之专传；欲研究文学史，则读《文苑传》及其他文学家之专传。……用此法读去，恐只患其少，不患其多矣。

又各史之《外国传》《蛮夷传》《土司传》等，

包含种族史及社会学之原料最多，极有趣，吾深望学者一读之。

○《廿二史札记》，赵翼著。

学者读正史之前，吾劝其一浏览此书。《记》（《礼记》）称"属辞比事，《春秋》之教"，此书深得"比事"之诀。每一个题目之下其资料皆从几十篇传中零零碎碎觅出，如采花成蜜。学者能用其法以读史，便可养成著述能力。（内中校勘文字异同之部约占三分之一，不读亦可。）

○《圣武记》，魏源著。

○《国朝先正事略》，李元度著。

清朝一代史迹，至今尚无一完书可读，最为遗憾，姑举此二书充数。魏默深有良史之才，《圣武记》为纪事本末体裁，叙述绥服蒙古、戡定金川、抚循西藏……诸役，于一事之原因结果及其中间进行之次序，若指诸掌，实罕见之名著也。李次青之

《先正事略》，道光以前人物略具，文亦有法度，宜
一浏览，以知最近二三百年史迹大概。日本人稻叶
君山所著《清朝全史》尚可读（有译本）。

○《读史方舆纪要》，顾祖禹著。

此为最有组织的地理书。其特长在专论形势，
以地域为经，以史迹为纬，读之不感干燥。此书卷
帙虽多，专读其叙论（至各府止），亦不甚费力，
且可引起地理学兴味。

○《史通》，刘知几著。

此书论作史方法，颇多特识，宜浏览。章氏
《文史通义》，性质略同，范围较广，已见前。

○《中国历史研究法》，梁启超著。

读之可增史学兴味，且知治史方法。

（丙）韵文书类

○《诗经》

希望学者能全部熟读成诵。即不尔，亦须一大部分能举其词。注释书，陈奂《诗毛氏传疏》最善。

○《楚辞》

屈、宋作宜熟读，能成诵最佳，其余可不读。注释书，朱熹《楚辞集注》较可。

○《文选》

择读。

○《乐府诗集》，郭茂倩编。

专读其中不知作者姓名之汉古辞，以见魏六朝乐府风格。其他不必读。

魏晋六朝人诗宜读以下各家：

曹子建　阮嗣宗　陶渊明　谢康乐　鲍明
远　谢玄晖

无单行集者，可用张溥《汉魏百三家集》本，
或王闿运《五代诗选本》。

○《李太白集》

○《杜工部集》

○《王右丞集》

○《孟襄阳集》

○《韦苏州集》

○《高常侍集》

○《韩昌黎集》

○《柳河东集》

○《白香山集》

○《李义山集》

○《王临川集》（诗宜用李璧注本）

○《苏东坡集》

○《元遗山集》

○《陆放翁集》

以上唐宋人诗文集。

○《唐百家诗选》，王安石选。

○《宋诗钞》，吕留良钞。

以上唐宋诗选本。

○《清真词》，周美成。

○《醉翁琴趣》，欧阳修。

○《东坡乐府》，苏轼。

○《屯田集》，柳永。

○《淮海词》，秦观。

○《樵歌》，朱敦儒。

○《稼轩词》，辛弃疾。

○《后村词》，刘克庄。

○《白石道人歌曲》，姜夔。

○《碧山词》，王沂孙。

○《梦窗词》，吴文英。

以上宋人词集。

○《西厢记》

○《琵琶记》

○《牡丹亭》

○《桃花扇》

○《长生殿》

以上元明清人曲本。

本门所列书，专资学者课余讽诵，陶写情趣之用，既非为文学专家说法，尤非为治文学史者说法，故不曰文学类，而曰韵文类。文学范围，最少应包含古文（骈散文）及小说。吾以为苟非欲作文学专家，则无专读小说之必要。至于古文，本不必别学。吾辈总须读周秦诸子、《左传》《国策》《四史》《通鉴》及其关于思想、关于记载之著作。苟能多读，自能属文，何必格外标举一种，名曰古文耶？故专以文鸣之文集不复录（其余学问有关系之文集，散见各门）。《文选》及韩、柳、王集聊附见耳。学者如必欲就文求文，无已，则姚鼐之《古文辞类纂》、李兆洛之《骈体文钞》、曾国藩之《经史百家杂钞》可用也。

清人不以韵文见长，故除曲本数部外，其余诗词皆不复列举，无已，则于最初期与最末期各举诗词家一人：吴伟业之《梅村诗集》与黄遵宪之《人境庐诗集（草）》、成德之《饮水词》与文焯之《樵风乐府》也。

（丁）小学书及文法书类

○《说文解字注》，段玉裁著。

○《说文通训定声》，朱骏声著。

○《说文释例》，王筠著。

段著为《说文》正注，朱注明音与义之关系，王著为《说文》通释。读此三书，略可通

《说文》矣。

　　○《经传释词》，王引之著。

　　○《古书疑义举例》，俞樾著。

　　○《文通》，马建忠著。

　　读此三书，可知古人语法文法。

　　○《经籍纂诂》，阮元著。

　　此书汇集各字之义训，宜置备检查。

　　文字音韵，为清儒最擅之学，佳书林立。此仅举入门最要之数种。若非有志研究斯学者，并此诸书不读，亦无妨耳。

（戊）随意涉览书类

　　学问固贵专精，又须博涉以辅之。况学者读书尚少时，不甚自知其性所近者为何，随意涉猎，初时并无目的，不期而引起问题，发生趣味，从此向某方面深造研究，遂成绝业者，往往而有也。吾固杂举有用或有趣之各书，供学者自由翻阅之娱乐。读此者不必顺页次，亦不必求终卷也。（各书亦随忆想所及杂举，无复诠次。）

○《四库全书总目提要》

清乾隆间四库馆，董其事者皆一时大学者，故所作《提要》，最称精审，读之可略见各书内容（中多偏至语自亦不能免）。宜先读各部类之叙录，其各书条下则随意抽阅。有所谓《存目》者，其书被屏，不收入四库者也。内中颇有怪书，宜稍注意读之。

○《世说新语》

将晋人谈玄语分类纂录，语多隽妙，课余暑假之良伴侣。

○《水经注》，郦道元撰，戴震校。

六朝人地理专书，但多描风景，记古迹，文辞华妙，学作小品文最适用。

○《文心雕龙》，刘勰撰。

六朝人论文书，论多精到，文亦雅丽。

○《大唐三藏慈恩法师传》，慧立撰。

此为玄奘法师详传。玄奘为第一位留学生，为大思想家，读之可以增长志气。

○《徐霞客游记》

霞客晚明人，实一大探险家，其书极有趣。

○《梦溪笔谈》，沈括。

宋人笔记中含有科学思想者。

○《困学纪闻》，王应麟撰，阎若璩注。

宋人始为考证学者，顾亭林《日知录》颇仿其体。

○《通艺录》，程瑶田撰。

清代考证家之博物书。

○《癸巳类稿》，俞正燮撰。

多为经学以外之考证，如考棉花来历，考妇人缠足历史，辑李易安事迹等。又多新颖之论，如论妒非妇人恶德等。

○《东塾读书记》，陈澧撰。

此书仅五册，十余年乃成。盖合数十条笔记之长编，乃成一条笔记之定稿，用力最为精苦，读之可识搜集资料，及驾驭资料之方法。书中论郑学、论朱学、论诸子、论三国诸卷最善。

○《庸盦笔记》，薛福成。

多记清咸丰、同治间掌故。

○《张太岳集》，张居正。

江陵为明名相，其信札益人神智，文章亦美。

○《王心斋先生全书》，王艮。

吾常名心斋为平民的理学家，其人有生气。

○《朱舜水遗集》，朱之瑜。

舜水为日本文化之开辟人，唯一之国学输出者，读之可见其人格。

○《李恕谷文集》，李塨。

恕谷为习斋门下健将，其文劲达。

○《鲒埼亭集》，全祖望。

集中记晚明掌故甚多。

○《潜研堂集》，钱大昕。

竹汀为清儒中最博洽者，其对伦理问题，亦颇有新论。

○《述学》，汪中。

容甫为治诸子学之先登者，其文格在汉晋间，极遒美。

○《洪北江全集》，洪亮吉。

北江之学长于地理，其小品骈体文，描写景物，美不可言。

○《定盦文集》，龚自珍。

吾少时醉心此集，今颇厌之。

○《曾文正公全集》，曾国藩。

○《胡文忠公遗集》，胡林翼。

右二集信札最可读，读之见其治事条理及朋友风义。曾涤生文章尤美，集桐城派之大成。

○《苕溪渔隐丛话》，胡仔。

丛话中资料颇丰富者。

○《词苑丛谈》，徐钒。

唯一之词话，颇有趣。

○《语石》，叶昌炽。

以科学方法治金石学，极有价值。

○《书林清话》，叶德辉。

论列书源流及藏书掌故，甚好。

○《广艺舟双辑》，康有为。

论写字，极精博，文章极美。

○《剧说》，焦循。

○《宋元戏曲史》，王国维。

二书论戏剧，极好。

即谓之涉览，自然无书不可涉，无书不可览。本不能胪举书目，若举之非累数十纸不可。右所列不伦不类之寥寥十余种，随杂忆所及当坐谭耳。若绳以义例，则笑绝冠缨矣。

附录一 最低限度之必读书目

右所列五项，倘能依法读之，则国学根柢略立，可以为将来大成之基矣。惟青年学生校课既繁，所治专门别有在，恐仍不能人人按表而读。今再为拟一真正之最低限度如下：

《四书》《易经》《书经》《诗经》《礼记》《左传》《老子》《墨子》《庄子》《荀子》《韩非子》《战国策》《史记》《汉书》《后汉书》《三国志》《资治通鉴》（或《通鉴纪事本末》）《宋元明史纪事本末》《楚辞》《文选》《李太白集》《杜工部集》《韩昌黎

集》《柳河东集》《白香山集》。其他词曲集，随所好选读数种。

以上各书，无论学矿、学工程学……皆须一读。若并此未读，真不能认为中国学人矣。

附录二　治国学杂话

学生做课外学问是最必要的。若只求讲堂上功课及格，便算完事，那么你进学校，只是求文凭，并不是求学问。你的人格，先已不可问了。再者，此类人一定没有"自发"的能力，不特不能成为一个学者，亦断不能成为社会上治事领袖人才。

课外学问，自然不专指读书，如试验，如观察自然界……都是极好的。但读课外书，至少要算课外学问的主要部分。

一个人总要养成读书兴味。打算做专门学者，固然要如此；打算做事业家，也要如此。因为我们在工厂里、在公司里、在议院里……做完一天的工作出来之后，随时立刻可以得着愉快的伴侣，莫过于书籍，莫便于书籍。

但是将来这种愉快得着得不着，大概是在学校时代已经决定，因为必须养成读书习惯，才能尝着读书趣味。人生一世的习惯，出了学校门限，已经铁铸成了，所以在学校中，不读课外书，以养成自己自动的读书习惯，这个人简直是自己剥夺自己终身的幸福。

读书自然不限于读中国书，但中国人对于中国书，最少也该和外国书作平等待遇。你这样待遇他，他给回你的愉快报酬，最少也和读外国书所得的有同等分量。

中国书没有整理过，十分难读，这是人人公认的，但会做学问的人觉得趣味就在这一点。吃现成饭，是最没有意思的事，是最没有出息的人才喜欢的。一个问题，被别人做完了四平八正的编成教科书样子给我读，读去自然是毫不费力，但是从这不费力上头结果，便令我的心思不细致不刻入。专门喜欢读这类书的人，久而久之，会把自己创作的才能汩没哩。在纽约、芝加哥笔直的马路、崭新的洋房里舒舒服服混一世，这个人一定是过的毫无意味的平庸生活。若要过有意味的生活，须是哥伦布初到美洲时。

中国学问界，是千年未开的矿穴，矿苗异常丰富。但非我们亲自绞脑筋绞汗水，却开不出来。翻过来看，只要你绞一分脑筋一分汗水，当然还你一分成绩，所以有趣。

所谓中国学问界的矿苗，当然不专指书籍，自然界和社会实况，都是极重要的。但书籍为保存过去原料之一种宝库，且可为现在各实测方面之引线，就这点看来，我们对于书籍之浩瀚，应该欢喜谢他，不应该厌恶他，因为我们的事业比方要开工厂，原料的供给，自然是越丰富越好。

读中国书，自然像披沙拣金，沙多金少，但我们若把他作原料看待，有时寻常人认为极无用的书籍和语句，也许有大功用。须知工厂种类多着呢，一个厂里头得有许多副产物哩，何止金有用，沙也有用。

若问读书方法，我想向诸君上一个条陈。这方法是极陈旧的，极笨极麻烦的，然而实在是极必要的。什么方法呢？是钞录或笔记。

我们读一部名著，看见他征引那么繁博，分析那么细密，动辄伸着舌头说道："这个人不知有多大记忆力，记得许多东西。这是他的特别天才，我们不能学步了。"其实哪里有这回事。好记性的人不见得便有智慧，有智慧的人比较的倒是记性不甚好。你所看见者是他发表出来的成果，不知他这成果原是从铢积寸累困知勉行得来。大抵凡一个大学者平日用功，总是有无数小册子或单纸片。读书看见一段资料，觉其有用者，即刻钞下(短的钞全文，长的摘要，记书名卷数页数)。资料渐渐积得丰富，再用眼光来整理分析他，便成为一篇名著。想看这种痕迹，读赵瓯北的《廿二史札记》、陈兰甫的《东塾读书记》，最容易看出来。

这种工作笨是笨极了，苦是苦极了，但真正做学问的人总离不了这条路。做动植物的人懒得采集标本，说他会有新发明，天下怕没有这种便宜事。

发明的最初动机在注意，钞书便是促醒注意及继续保存注意的最好方法。当读一书时，忽然感觉这一段资料可注意，把他钞下，这件资料自然有一微微的印象印入脑中，和滑眼看过不同。经过这一番后，过些时碰着第二个资料和这个有关系的，又把他钞下，那注意便加浓一度。经过几次之后，每翻一书，遇有这项资料，便活跳在纸上，不必劳神费力去找了。这是我多年经验得来的实况。诸君试拿一年工夫去试试，当知我不说谎。

先辈每教人不可轻言著述，因为未成熟的见解公布出来，会自误误人。这原是不错的，但青年学生"斐然当述作之誉"，也是实际上鞭策学问的一种妙用。譬如同是读《文献通考》的《钱币考》、各史《食货志》中钱币项下各文，泛泛读去，没有什么所得，倘若你一面读一面便打主意做一篇中国货币沿革考，这篇考做的好不好另一问题，你所读的自然加几倍受用。

譬如同读一部《荀子》，某甲泛泛读去，某乙一面读一面打主意做部《荀子学案》，读过之后，两个人的印象深浅，自然不同，所以我很奖劝青年好著书的习惯。至于所著的书，拿不拿给人看，什么时候才认成功，这还不是你的自由吗？

每日所读之书，最好分两类：一类是精熟的，一类是涉览的。因为我们一面要养成读书心细的习惯，一面要养成读书眼快的习惯。心不细则毫无所得，等于白读；眼不快则时候不彀用，不能博搜资料。诸经、诸子、《四史》《通鉴》等书，宜入精读之部，每日指定某时刻读他，读时一字不放过，读完一部才读别部，想钞录的随读随钞。另外指出一时刻，随意涉览：觉得有趣，注意细看，觉得无趣，便翻次页，遇有想钞录的，也俟读完再钞，当时勿窒其机。

诸君勿因初读中国书，勤劳大而结果少，便生退悔。因为我们读书，并不是想专向现时所读这一本书里讨现钱现货的得多少报酬，最要紧的是涵养成好读书的习惯，和磨炼出好记忆的脑力。青年期所读各书，不外借来做达这两个目的的梯子。我所说的前提倘若不错，则读外国书和读中国书当然都各有益处。外国名著，组织得好，易引起兴味；他的研究方法，整整齐齐摆出来，可以做我们模范，这是好处；我们滑眼读去，容易变成享现成福的少爷们，不知甘苦来历，这是坏处。中国书未经整理，一读便是一个闷头棍，每每打断兴味，这是坏处；逼着你披荆斩棘，寻路来走，或者走许多冤枉路（只要走路，断无冤枉，走错了回头，便是绝好教训），从甘苦阅历中磨炼出智慧，得苦尽甘来的趣味，那智慧和趣味却最真切，这是好处。

还有一件，我在前项书目表中有好几处写"希望熟读成诵"字样。我想诸君或者以为甚难，也许反对说我顽旧，但我有我的意思。我并不是奖劝人勉强记忆，我所希望熟读成诵的有两种类：一种类是最有价值的文学作品，一种类是有益身心的格言。好文学是涵养情趣的工具，做一个民族的分子，总须对于本民族的好文学十分领略，能熟读成诵，才在我们的"下意识"里头，得着根柢，不知不觉会"发酵"。有益身心的圣哲格言，一部分久已在我们全社会上形成共同意识，我既做这社会的分子，总要彻底了解他，才不至和共同意识生隔阂，一方面我们应事接物时候，常常仗他给我们的光明，要平日摩得熟，临时才得着用。我所以有些书希望熟读成诵者在此，但亦不过一种格外希望而已，并不谓非如此不可。

最后我还专向清华同学诸君说几句话。我希望诸君对于国学的修养，比旁的学校学生格外加功。诸君受社会恩惠，是比别人独优的，诸群君将来在全社会上一定占势力，是眼看得见的。诸君回国之后，对于中国文化有无贡献，便是诸君功罪的标准。

任你学成一位天字第一号形神毕肖的美国学者，只怕于中国文化没有多少影响。若这样便有影响，我们把美国蓝眼睛的大博士抬一百几十位来便彀了，又何必诸君呢？诸君须要牢牢记着你不是美国学生，是中国留学生。如何才配叫做中国留学生，请你自己打主意罢。

附录三　梁先生致《清华周刊》记者书

《清华周刊》记者足下：

《国学入门书要目及其读法》一施展呈上，别属开留美应带书目，颇难著笔。各书内容，拙著中已简单论及，诸君一读后，可择所好者购携。大学普通重要诸书，各校图书馆多有，自不必带，所带者总是为自己随时讽诵或用功时任意批注而设。

试择其最普通者：《四书集注》、石印《正续文献通考》、相台本《五经单注》、石印《文选》、石印浙刻《二十二子》《李太白集》《墨子间诂》《杜工部集》《荀子集解》《白香山集》、铅印《四史》、《柳柳州集》、铅印《正续资治通鉴》《东坡诗集》。若欲带选本诗，则《古诗源》《唐诗别裁》，勉强可用。欲带选本词，则张皋文《词选》、周止庵《宋四家词选》、谭中修《箧中词》，勉强可用（此五书原目皆未列）。其余涉览书类，择所喜者带数种亦可，因此等书外国图书馆或无有也。

要籍解题及其读法（节选）

自　序

我对于学问，件件都有兴味。因为方面太多，结果没有一方面做得成功。著述更不必说，始终没有专心致志好好地著成一部书。近几年来我名下的出版物，都不过一个学期中在一个学校的讲义。而且每学期所讲总是两门以上的功课，所编总是两种以上的讲义。我生平有种坏癖气，曾经讲过的功课，下次便不愿再讲，每次所讲总是新编的。匆匆忙忙，现蒸热卖，哪里能有满意之作！所以每次讲完之后，便将讲义搁起，预备从新校改一番才付印。但每到休讲期间，又贪着读别的书去了。假期满后，又忙着著别的讲义。因此旧稿总没有时候整理，只好把它放在箧底再说。两三年此类的讲稿有好几种哩！这部《要籍解题及其读法》便是其中之一种。

这部讲义是两年前在清华学校讲的。清华当局指定十来部有永久价值的古书，令学生们每学期选读一部或两部，想令他们得些国学常识而且养成自动的读书能力。这种办法，我原是很赞成的。当局因请我把这十几部书的大概和学生们讲讲。我答应了，每隔一星期来讲一次。一学期间，讲了从《论语》到《礼记》这几部。本来下学期还打算续讲，不幸亡妻抱病，跟着出了丧事，我什么功课都做不下去。因此向学校辞职，足足休讲了一年。现在虽再来学校，也没有续讲的机会。

说"要籍"吗，中国最少也有一百几十种。像这部讲义讲的不伦不类几部书，算什么东西呢？何况是现蒸热卖的粗制品，当起稿时已经没有多翻参考书的余裕，脱稿后连复看的工夫也没有。这样作品，如何可以见人？所以许久不愿付印，为此。

清华同学们不答应，说各处纷纷函索传抄，不胜其扰。说现在《清华周刊》要编辑丛书，决定把它充当第一种，已经付印了，而且要求我作一篇序文。我无法拒绝，也只好随顺。

我想，一个受过中学以上教育的中国人，对于本国极重要的几部书籍，内中关于学术思想者若干种，关于历史者若干种，关于文学者若干种，最少总应该读过一遍。但是，生当今日而读古书，头一件，苦于引不起兴味来；第二件，苦于没有许多时间向浩如烟海的书丛中埋头钻研；第三件，就令耐烦费时日勉强读去，也苦难得其要领。因此，学生们并不是不愿意读中国书，结果还是不读拉倒。想救济这种缺点，像"要籍解题"或"要籍读法"一类书，不能不谓为适应于时代迫切的要求。我这几篇虽然没有做得好，但总算在这条路上想替青年们添一点趣味，省一点气力。我希望国内通学君子多做这类的作品，尤其希望能将我做的加以是正。例如钱先生新近在《清华周刊》发表的《论语解题及其读法》之类。同时我也要鞭策自己在较近期内对于别的要籍，能再做些与此同类的工作。这部书里头所讲有许多是前人讲过的，并非全属自己创见。为什么不一一注明呢？因为（一）编讲义时间匆忙，没有查原书。（二）为学生们方便起见，若噜噜苏苏的引那一说驳那一说，倒反令人头痛，不如直捷（截）了当，我认为可采之说就采入，省些闲文。总而言之，这部书不是著述，不过讲堂上临时演说。凡有与著述体例不符之外，希望读者原谅。

"先入为主"，原是做学问最大毛病。但人人都知道这是毛病，却人人都不容易破除。即如我这部书，讲《论语》推重戴望，讲《史记》推重崔适，也可以说是我个人的僻见。其实教一般青年不该如此。此外各篇犯这类毛病还不少。我所以不甚愿意立刻付印就是为此。既已付印，我不能不声明一下。

临了，我还想和青年们说几句话。——诸君对于中国旧书，不可因"无用"或"难读"这两个观念，便废止不读。有用、无用的标准本来很难确定。何以见得横文书都有用，线装书都无用？依我看，著述有带时代性的，有不带时代性的。不带时代性的书，无论何时都有用。旧书里头属于此类者确不少。至于难读、易读的问题呢，不错，未经整理之书确是难读，读起来没有兴味或不得要领，像是枉费我们的时光。但是，从别方面看，读这类书，要自己刻苦功夫，披荆斩棘，寻出一条路来。因此可以磨炼自己的读书能力，比专吃现成饭的得益较多。所以我希望好学的青年们最好找一两部自己认为难读的书，偏要拼命一读，而且应用最新的方法读它。读通之后，所得益处，在本书以内的不算，在本书以外的还多着哩。

中华民国十四年十一月十七日
梁启超
清华北院二号

《论语》《孟子》

（附论《大学》《中庸》《孝经》及其他）

总　说

《论语》《孟子》两书，近人多呼为"经书"，古代不然。汉儒对于古书之分类，以《诗》《书》《礼》《乐》《易》《春秋》为"六艺"，亦谓之"六经"，实为古书中之最见宝贵者。次则名为"记"或"传"，乃解释或补助诸经者，《论语》即属此类。又次则为诸子，乃于六经之外别成一家言者，《孟子》即属此类。故《论》《孟》两书，在汉时不过二三等书籍。然汉文帝时已将此二书置博士（"置博士"者，在大学中专设一科以专门之博士任教授也），是曾经特别崇重，然不久亦罢（罢博士者，废此专科也）。六朝、隋、唐以来，《论语》研究尚盛，《孟子》则亦仅侪于诸子之列耳。自宋儒从《礼记》中抽出《大学》《中庸》两篇，合诸《论》《孟》，称为"四书"，明清两代，以八股取士，试题悉出"四书"，于是"四书"之诵习，其盛乃驾"六经"而上之。六七百年来，数岁孩童入三家村塾者，莫不以"四书"为主要读本，其书遂形成一般常识之基础，且为国民心理之总关键。

《论语》编辑者及其年代

《汉书·艺文志》云："《论语》者，孔子应答弟子时人及弟子相与言而接闻于夫子之语也。当时弟子各有所记，夫子既卒，门人相与辑而论篆，故谓之《论语》。"据此，则谓《论语》直接成于孔子弟子之手。虽然，书中所记如鲁哀公、季康子、子服景伯诸人，皆举其谥，诸人之死皆在孔子卒后。书中又记曾子临终之言，曾子在孔门齿最幼，其卒年更当远后于孔子。然则此书最少应有一部分为孔子卒后数十年七十子之门人所记无疑。书中于有子、曾子皆称"子"。全书第一章记孔子语，第二章即记有子语，第三章记孔子语，第四章即记曾子语，窃疑纂辑成书当出有子、曾子门人之手，而所记孔子言行，半承有、曾二子之笔记或口述也。

《论语》之真伪

先秦书赝品极多，学者最宜慎择。《论语》为孔门相传宝典，大致可信。虽然，其中未尝无一部分经后人附益窜乱。大抵各篇之末，时有一二章非原本者。盖古用简书，传抄收藏皆不易，故篇末空白处，往往以书外之文缀记填入。在本人不过为省事备忘起见，非必有意作伪。至后来辗转传抄，则以之误混正文。周秦古书中似此者不少，《论语》中亦有其例。如《雍也篇》末"子见南子"章，《乡党篇》末"色斯举矣"章，《季氏篇》末"齐景公"章，《微子篇》末"周公谓鲁公""周有八士"章，皆或与孔门无关，或文义不类，疑皆非原文。然此犹其小者。据崔东壁（述）所考证，则全书二十篇中末五篇——《季氏》《阳货》《微子》《子张》《尧曰》——皆有可疑之点。因汉初所传有"鲁论""齐论""古论"之分，篇数及末数篇之篇名各有不同，文句亦间互异，王莽时佞臣张禹者合三本而一之，遂为今本（见《汉书·艺文志》《张禹传》及何晏《论语集解序》）。此末五篇中，最少应有一部分为战国末年人所窜乱。其证据：一，《论语》通例，称孔子皆曰"子"，惟记其与君大夫问答乃称"孔子"。此五篇中，屡有称"孔子"或"仲尼"者。二，《论语》所记门弟子与孔子对面问答，亦皆呼之为"子"。对面呼"夫子"，乃战国时人语，春秋时无之，而此五篇中屡称"夫子"。三，《季氏篇》"季氏将伐颛臾，冉有、季路见于孔子"云云，考冉有、季路并无同时仕于季氏之事。四，《阳货篇》记"公山弗扰以费畔，召，子欲往"云云，又记"佛肸以中牟畔，召，子欲往"云云，考弗扰叛时，孔子正为鲁司寇，率师堕费，弗扰正因反抗孔子政策而作乱，其乱亦由孔子手平定之，安有以一造反之县令而敢召执政？其执政方督师讨贼，乃欲应以召，且云"其为东周"，宁有此理！佛肸以中牟叛赵，为赵襄子时事，见《韩诗外传》。赵襄子之立，在孔子卒后五年，孔子何从与肸有交涉？凡此诸义，皆崔氏所疏证，大致极为精审。(参观《崔东壁遗书》内《洙泗考信录》，《畿辅丛书》中亦有此书。)

由此言之，《论语》虽十有八九可信，然其中仍有一二出自后人依托，学者宜分别观之也。

《论语》之内容及其价值

《论语》一书，除前所举可疑之十数章外，其余则字字精金美玉，实人类千古不磨之宝典。盖孔子人格之伟大，宜为含识之俦所公认，而《论语》则表现孔子人格唯一之良书也。其书编次体例，并无规定，篇章先后，似无甚意义，内容分类，亦难得正确标准。略举纲要，可分为以下各类。

一　关于个人人格修养之教训。

二　关于社会伦理之教训。

三　政治谈。

四　哲理谈。

五　对于门弟子及时人因人施教(注重个性的)的问答。

六　对于门弟子及古人时人之批评。

七　自述语。

八　孔子日常行事及门人诵美孔子之语（映入门弟子眼中之孔子人格）。

右所列第一二项，约占全书三分之二。其余六项约合占三分之一。第一项人格修养之教训，殆全部有历久不磨的价值。第四项之哲理谈，虽著语不多（因孔子之教专贵实践，罕言性与天道。），而皆渊渊入微。第二项之社会伦理，第三项之政治谈，其中一部分对当时阶级组织之社会立言，或不尽适于今日之用，然其根本精神，固自有俟诸百世而不惑者。第五项因人施教之言，则在学者各自审其个性之所近所偏而借以自鉴。第六项对人的批评，读之可以见孔子理想人格之一斑。第七项孔子自述语及第八项别人对于孔子之观察批评，读之可以从各方面看出孔子之全人格。《论语》全书之价值大略如此。要而言之，孔子这个人有若干价值，则《论语》这部书亦连带的有若干价值也。

读《论语》法

吾侪对于如此有价值之书，当用何法以善读之耶？我个人所认为较简易且善良之方法如下：

第一　先注意将后人窜乱之部分剔出，以别种眼光视之，免使蒙混真相。

第二　略依前条所分类，将全书纂抄一过，为部分的研究。

第三　或作别种分类，以教义要点——如论"仁"、论"学"、论"君子"等为标准，逐条抄出，比较研究。

第四　读此书时，即立意自作一篇孔子传或孔子学案。一面读便一面思量组织法且整理资料，到读毕时自然能极彻底极正确地了解孔子。

第五　读此书时，先要略知孔子之时代背景。《左传》《国语》实主要之参考书。

第六　此书文义并不艰深，专读白文自行绌绎其义最妙。遇有不解时，乃翻阅次条所举各注。

右所学者，为书本上智识方面之研究法。其实我辈读《论语》之主要目的，还不在此。《论语》之最大价值，在教人以人格的修养。修养人格，绝非徒恃记诵或考证，最要是身体力行，使古人所教变成我所自得。既已如此，则不必贪多务广，果能切实受持一两语，便可以终身受用。至某一两语最合我受用，则全在各人之自行领会，非别人所能参预。别人参预，则已非自得矣。要之，学者苟能将《论语》反复熟读若干次，则必能囷然有见于孔子之全人格，以作自己祈向之准鹄。而其间亦必有若干语句，恰与自己个性相针对，读之别有会心，可以作终身受持之用也。《论语》文并不繁，熟读并不费力，吾深望青年勿蔑弃此家宝也。

《论语》注释书及关系书

《论语》注释，有汉郑康成《注》，已佚，近人有辑本。有魏何晏《集解》，宋邢昺《义疏》，现行《十三经注疏》所载者即是。但其中要语，多为后人新疏所以采，不读亦得。为便于学者计，列举以下之注释书及关系书各种。

一　宋·朱熹《论语集注》《论语或问》。

《集注》简而明，最便读者，但其中有稍涉理障处。《或问》时于《集注》外有所发明。

二　清·戴望《论语注》。

此书亦简明，训诂视朱注为精审。但多以公羊家言为解，穿凿附会，间亦不免。

三　清·刘宝楠《论语正义》。

最精博，但太繁，非专家研究者不必读。

四　清·颜元《四书正误·论语之部》。

此专正朱注之误也，可见习斋一家学说。

五　清·焦循《论语通释》。

此书将《论语》教义要点分类研究。其方法最可学。

六　清·阮元《揅经堂集》中《论语论仁解》。

此书一短篇文，专取论语言"仁"之一部抄下，通贯研究。其方法可学。

七　清·崔述《洙泗考信录》附《余录》。

此书为最严谨之孔子传，其资料十九取自《论语》。辨《论语》窜乱之部分，当略以此书所疑者为标准。

以上说《论语》竟。

《孟子》之编纂者及篇数

《史记·孟子荀卿列传》云："孟子乃述唐虞三代之德，是以所如者不合，退而与万章之徒序《诗》《书》，述仲尼之意，作《孟子》七篇。"赵岐《孟子题辞》云："退而论集所与高第弟子公孙丑、万章之徒难疑问答，又自撰其法度之言，著书七篇二百六十一章三万四千六百八十五字。"据此

孟子卷第一　　　朱熹集注

梁惠王章句上

凡七章

孟子见梁惠王

梁惠王魏侯罃也都大梁僭称王谥曰惠史记惠王三十五年甲礼厚币以招贤者而孟轲至梁

王曰叟不远千里而来亦将有以利吾

國乎

叟长老之称王所谓利盖富国彊兵之类

孟子对曰王何必曰利亦有仁义而已矣仁者心之德愛之理义者心之制事之宜也此二句乃一章之大指下文乃详言之後多放此

王曰何以利吾國大夫曰何以利吾家

《孟子集注》卷一

则汉儒传说，皆谓此书为孟子自撰。然书中称时君皆举其谥，如梁惠王、襄王、齐宣王、鲁平公、邹穆公皆然，乃至滕文公之年少亦皆如是。其人未必皆先孟子而卒，何以皆称其谥？又书中于孟子门人多以"子"称之，乐正子、公都子、屋庐子、徐子、陈子皆然，不称子者无几。果孟子所自著，恐未必自称其门人皆曰子。细玩此书，盖孟子门人万章、公孙丑等所追述，故所记二子问答之言最多，而二子在书中亦不以子称也。其成书年代虽不可确指，然最早总在周赧王十九年（西纪前二九六）梁襄王卒之后，上距孔子卒一百八十余年，下距秦始皇并六国七十余年也。今本《孟子》七篇，而《汉书·艺文志·儒家》云："孟子十一篇。"应劭《风俗通·穷通篇》亦云然。赵岐题辞云："又有外书四篇——《性善》《辩文》《说孝经》《为政》。其文不能宏深，不与内篇相似，似非孟子本真，后人依放而托也。"据此，知汉时所流传者，尚有外书四篇，与今七篇混为一本。赵邠卿（岐）鉴定为赝品，故所作《孟子章句》，惟释七篇。此后赵注独行，而外篇遂废。后人或以为惜，但吾侪颇信邠卿鉴别力不谬，其排斥外篇，不使珷玞乱玉，殆可称孟子功臣。今外篇佚文，见于《法言》《盐铁论》《颜氏家训》、李善《文选注》等书有若干条，经近人辑出，诚有如邠卿所谓"不能宏深，不与内篇相似"也。至明季姚士粦所传《孟子外书》四篇，则又伪中出伪，并非汉时之旧，更不足道矣。

《孟子》之内容及其价值

孟子与荀卿，为孔门下两大师。就学派系统论，当时儒、墨、道、法四家并峙，孟子不过儒家一支流，其地位不能比老聃、墨翟。但孟子在文化史上有特别贡献者二端：

一　高唱性善主义，教人以自动的扩大人格。在哲学上及教育学上成为一种有永久价值之学说。

二　排斥功利主义。其用意虽在矫当时之弊，然在政治学社会学上最少亦代表一面真理。

其全书要点略如下：

一　哲理谈。穷究心性之体相，证成性善之旨。《告子》上下篇，《尽心》上篇，多属此类。

二　政治谈。发挥民本主义，排斥国家的功利主义；提出经济上种种理想的建设。《梁惠王》上下篇，《滕文公》上篇，全部皆属此类，其余各篇亦多散见。

三　一般修养谈。多用发扬蹈厉语，提倡独立自尊的精神，排斥个人的功利主义。《滕文公》《告子》《尽心》三篇最多，余篇亦常有。

四　历史人物批评。借古人言论行事，证成自己的主义。《万章》篇最多。

五　对于他派之辩争。其主要者如后儒所称之辟杨、墨。此外如对于告子论性之辨难，对于许行、陈仲子之呵斥，对于法家者流政策之痛驳等皆是。

六　记孟子出处辞受及日常行事等。

右各项中，惟第四项之历史谈价值最低。因当时传说，多不可信，而孟子并非史家，其著书宗旨又不在综核古事，故凡关于此项之记载及批评，应认为孟子借事明义，不可当史读。第五项辩争之谈，双方皆持之有故言之成理，未可偏执一是。第二项之政治谈，因时代不同，其具体的制度自多不适用，然其根本精神固有永久价值。余三项价值皆极高。

读《孟子》法

读《论语》《孟子》一类书，当分两种目的：其一为修养受用，其一为学术的研究。为修养受用起见，《论语》如饭，最宜滋养；《孟子》如药，最宜被除及兴奋。读《孟子》，第一，宜观其砥砺廉隅，崇尚名节，进退辞受取与之间竣立防闲，如此然后可以自守而不至堕落。第二，宜观其气象博大，独往独来，光明俊伟，绝无藏闪。能常常诵习体会，人格自然扩大。第三，宜观其意志坚强，百折不回。服膺书中语，对于环境之压迫，可以增加抵抗力。第四，宜观其修养下手工夫简易直捷，无后儒所言支离、玄渺之二病。要之，《孟子》为修养最适当之书，于今日青年尤为相宜。学者宜摘取其中精要语熟诵，或钞出常常阅览，使其精神深入我之"下意识"中，则一生做人基础可以稳固，而且日日向上，至老不衰矣。

学术的研究，方面极多，宜各随兴味所注，分项精求。惟每研究一项，必须对于本书所言彻头彻尾理会一番，且须对于他书有关系的资料博为搜采参核。试举数例：

一　如欲研究孟子哲学，必须先将书中所谓性、所谓心、所谓情、所谓才、所谓义、所谓理……种种名词，仔细推敲，求得其正确之意义。复又须贯通全书，求得某几点为其宗旨之主脑，然后推寻其条理所由衍出。又须将别派学说与之对照研究，如《荀子》《春秋繁露》等书，观其所自立说，及批驳《孟子》者何如。

二　欲研究孟子之政治论，宜先提挈出几个大纲领——例如民本主义、统一主义、非功利主义等等，观其主张之一贯。又须熟察时代背景，遍观反对派学说，再下公正的批评。

三　孟子辟异端，我辈不必随声附和。然可从书中发见许多"异端"的学说，例如杨朱、许行、宋牼、陈仲子、子莫、白圭、告子、淳于髡等，其书皆不传，且有并姓名亦不见于他书者。从《孟子》书中将其学说撷拾研究，便是古代学术史绝好资料。

四　将本书所载孟子所见之人、所历之地及其行事言论钩稽排比，可以作一篇极翔实的孟子小传。

以上不过略举数例，学者如有研究兴味，则方面尚多，在各人自择而已。

《孟子》之注释书及关系书

最古之《孟子》注释书为东汉赵岐之《孟子章句》，且每章缀以章指，其书现存。全文见焦循《孟子正义》中，今不另举。

一　宋·朱熹《孟子集注》。

性质及价值皆同《论语集注》。

二　清·焦循《孟子正义》。

考证最精审，且能发明大义。现行各注疏未有其比。

三　清·戴震《孟子字义疏证》。

此书乃戴氏发表自己哲学意见之作，并非专为解释《孟子》。但研究孟子哲学，自应以此为极要之参考品。

四　清·陈澧《东塾读书记》内《孟子》之卷。

此卷将《孟子》全书拆散而比观之，所发明不少，其治学方法最可学。

五　清·崔述《孟子事实录》。

此书为极谨严孟子小传。

以上说《孟子》竟。

附论　《大学》《中庸》

《大学》《中庸》本《小戴礼记》中之两篇。《礼记》为七十子后学者所记，其著作年代，或在战国末或在西汉不等，其价值本远在《论》《孟》下。自宋程正叔抽出此二篇特别提倡，朱晦庵乃创为四子书之名。其次序：一、《大学》，二、《论语》，三、

《孟子》，四、《中庸》。于是近七八百年来，此二篇之地位骤高，几架群经而上之。斯大奇矣！

区区《大学》一篇，本不知谁氏作，而朱晦庵以意分为经、传两项。其言曰："经一章，盖孔子之言而曾子述之。传十章，则曾子之意而门人记之。"然而皆属意度，羌无实证。晦庵又因其书有与自己理想不尽合者，乃指为有错简，以意颠倒其次序。又指为有脱漏，而自作《补格致传》一章。此甚非学者态度所宜出也。而明清两朝，非惟以《大学》侪诸经，且几将朱氏《补传》与孔子之言同视矣。中间王阳明主张"大学古本"，对于朱氏所改所补而倡异议。然重视《大学》之观念，迄未稍变。惟清初有陈乾初（确）者，著《大学辨》一篇，力言此书非孔子、曾子作，且谓其"专言知不言行，与孔门教法相戾"。此论甫出，攻击蜂起，共指为非圣无法，后亦无人过问。自此书列于《四书》之首，其篇中"致知格物"四字，惹起无数异说，辨难之作，可汗十牛。然以此为孔子教人入德之门，非求得其说不可。由吾侪观之，此篇不过秦、汉间一儒生之言，原不值如此之尊重而固守也。

《中庸》篇，朱晦庵谓"子思作之以授孟子"。其言亦无据。篇中有一章袭孟子语而略有改窜。据崔东壁所考证，则其书决出孟子后也。此篇论心论性，精语颇多，在哲学史上极有价值。

要而论之，《大学》《中庸》不失为儒门两篇名著，读之甚有益于修养。且既已人人诵习垂千年，形成国民常识之一部分，故今之学者，亦不可以不一读。但不必尊仰太过，反失其相当之位置耳。

附论 《孝经》

《孝经》自汉以来，已与《论语》平视，今且列为十三经之一，共传孔子"志在《春秋》，行在《孝经》"，以为孔子手著书即此两种。其实此二语出自纬书，纯属汉人附会。"经"之名，孔子时并未曾有，专就命名论，已足征其妄。其书发端云："仲尼居，曾子侍。"安有孔子著书而作此称谓耶？书中文义皆极肤浅，置诸《戴记》四十九篇中犹为下乘，虽不读可也。

附论　其他关于孔子之记载书

记载孔子言论行事之书惟《论语》为最可信，其他先秦诸子所记，宜以极严冷谨慎之态度观之。盖凡一伟大人物，必有无数神话集于其身，不可不察也。今传《孔子家语》《孔丛子》两书，皆晋人伪作，万不可读。有《孔子集语》一书，乃宋人采集群书言孔子事者，大半诬孔子而已。学者诚诵法孔子，则一部《论语》终身受用不尽，"岂买菜也，而求添乎？"

以上附论竟。

《诗经》

《诗经》之年代

《诗经》为古籍中最纯粹可信之书，绝不发生真伪问题。故但考其年代已足。

《孟子》云："王者之迹熄而《诗》亡。《诗》亡然后《春秋》作。"未述《诗》之起原而惟概指其终局，似论三百篇皆春秋前作品也。今案：各篇年代最古而有征者为《商颂》五篇。《国语》云："正考父校商之名颂十二篇于周大师，以《那》为首。"郑司农云："自考父至孔子，又亡其七篇。"后世说《诗》者或以今《商颂》为考父作，此误读《国语》耳。此五篇乃至十二篇者，殆商代郊祀乐章，春秋时宋国沿用之，故得传于后。犹汉、魏郊祀乐府，至今虽失其调而犹存其文也。其次则《豳风》之《七月》一篇。后世注家谓周公述后稷、公刘之德而作，然羌无实据。玩诗语似应为周人自豳迁岐以前之民间作品。且篇首"七月流火，九月授衣"云云，所用为夏正，故亦可推定为夏时代作品。(?)果尔，则三百篇中此为最古，且现存一切文学作品中亦此为最古矣。其最晚者如《秦风》之"我送舅氏，曰至渭阳"，相传为秦襄公送晋文公之诗；如《陈风》之"胡为乎株林，从夏南"，相传为刺陈灵公昵夏姬之诗。果尔，则为春秋中叶作品。然尽人皆可有舅，不必秦襄，夏南为夏姬虽极近似，亦无以证其必然。故《诗》讫何年，实难论定。惟《鲁颂·闷宫篇》："周公之孙，庄公之子。"其为鲁僖公时作品更无可疑。则《三百篇》中不乏春秋时作品，盖可推断。然《国风》有《邶》《鄘》《唐》《魏》，皆春秋前旧国，二《雅》有多篇可考定为周厉、宣时事，则假定全书诸篇以西周末东周初——约西纪前九百年至七百年——时人所作为中坚，其间最古之若干篇约距今三千四五百年前，最晚之若干篇约距今两千六七百年前（?），虽不中不甚远矣。

然则何故惟彼时代独有诗——或诗独盛耶？其一，社会文化渐臻成熟之后，始能有优美的文艺作品出现。"周监二代，郁郁乎文。"中国社会脱离僿野状态，实自周始。周初犹属启蒙时代，故可传之作品尚少。至东迁前后，人文益进，名作乃渐多。又，诗本为表情之具，周初社会静谧，冲动情感之资料较少。东迁前后，乱离呻吟，不期而全社会强烈之感情被蒸发焉，此或亦多诗之一因也。其二，问者曰：若尔则春秋中叶以后诗宜更多，曷为反少？此问题复可作两种解答。一，文体本逐时代而变迁，此类之诗，盛行已数百年，或春秋中叶以后，渐为社会所厌倦，不复有名作。二，"辅轩采诗"之制度，传记屡言，吾侪应认为事实的存在。三百篇之辑集成书，殆由于此。此事本为周代美政之一，由王室行之。春秋以降，王室式微，斯典乃废。虽有歌什，莫为撷纂，遂至沦逸。《孟子》所谓"王迹熄而《诗》亡"也。

孔子删诗说不足信

《史记·孔子世家》云："古者诗三千余篇，及至孔子，去其重，取可施于礼义，上采契、后稷，中述殷、周之盛，至幽、厉之缺，三百五篇。"此说若确，则今本《诗经》，实为孔子所手选。如徐孝穆之选《玉台新咏》，王介甫之选《唐百家诗》。然汉、唐学者多不信此说。孔颖达云："书传所引之诗，见在者多，亡逸者少。则孔子所录，不容十分去九。迁言未可信也。"谨案：《论语》云"诗三百，一言以蔽之……"又云："诵诗三百，授之以政，不达……"此皆孔子之言，而述诗篇数，辄举三百，可见孔子素所诵习即止此数，而非其所自删明矣。《左传》记吴季札适鲁观乐，事在孔子前，而所歌之风，无出今十五国外者，益可为三百篇非定自孔子之明证。且孔子如删诗也，则以何为标准耶？如后人所谓"贞淫"耶？郑、卫言情之作具在，未尝删也。且如逸诗之见于传记者，如《论语》之"唐棣之华，偏其反而。岂不尔思，室是远而"，如《左传》之"虽有丝麻，无弃菅蒯。虽有姬姜，无弃憔悴"，"思我王度，式如玉式如金，形民之力，而无醉饱之心"。凡此之类，何字何句悖于"礼义"，而孔子乃删之哉！是故以吾侪所信，则孔子绝无删诗之事。今三百篇是否曾经一度有意识的编纂，不可深考。藉曰有之，则编纂者或史官太师之属，不能确指为谁。要之，春秋时士大夫所同讽诵者即此三百余篇。纵有佚亡，亦不过百之一二。此则按诸故实而略可断言者也。

然则孔子之于《诗经》未尝有所致力耶？曰：有之。《论语》述孔子言曰："吾自卫反鲁，然后乐正，《雅》《颂》各得其所。"《孔子世家》曰："诗三百篇，孔子皆弦而歌之，以求合韶、武、雅、颂之音。"《庄子》曰："孔子诵诗三百，歌诗三百，弦诗三百，舞诗三百。"窃意前此之诗不皆能入乐，或入乐而沦紊其谱。孔子最嗜音乐，最通音乐，故反鲁之后，以乐理诏鲁太师，又取三百篇之谱阙者补之，舜者订之，故云乐正而《雅》《颂》得所，故云弦歌以求合韶、武。是故《雅》《颂》之文犹昔也。失所得所，则弦之歌之舞之而始见。孔子正乐即正诗也。故乐无经，以《诗》为经。"雅言诗书执礼"而无乐，乐在《诗》中，不可分也。诗乐合体，其或自孔子始也。（看魏源《诗古微》上编之三《夫子正乐论》。）

《诗序》之伪妄

《诗经》之传授，在汉初则有鲁、齐、韩三家立于学官，而古文《毛氏传》晚出。东汉以后，毛独行而三家废。今官书题此书为"毛诗"，而村学究且有呼为"毛经"者，可叹，亦可笑也！《毛传》真伪，久成问题。吾于他书论今古文公案者已屡及之，今不再赘。而其伪中出伪、贻误后学最甚者，尤莫如所谓《诗序》。《诗序》今附《毛传》以行，每篇之首，序说所以作此诗之意或并及作诗之人。首篇《关雎》之序特长，盖千数百言，总论全书旨趣，谓之《大序》。自余各篇，短者不及十言，较长者数十言，谓之《小序》。夫读《诗》者恒欲知作诗之人与作诗之旨，此人情也。而《诗》三百篇一一求其人与其旨以实之，殆不可能。故孟子贵"以意逆志"，《左传》称"断章取义"。申公之授鲁诗，"无传疑，疑者盖阙不传"。韩婴作《韩诗外传》，刘向作《新序》，皆实行逆志断章之教。西汉以前之说《诗》者，类皆如此。今所谓《诗序》者，乃逐篇一一取其人与其旨凿言之，若有所受焉，此所以为学者所共乐习，二千年奉为鸿宝以迄于兹也。

《诗序》谁所作耶？《后汉书·儒林传》述其来历甚明。《传》云："谢曼卿善《毛诗》，乃为其训。卫宏从曼卿受学，因作《毛诗序》，善得风、雅之旨，于今传于世。"则《序》为宏作，铁案如山，宁复有疑辩之余地！乃隋唐以后之传说则大可异。或云《序》之首句为大毛公作，次句以下为小毛公作；或云《大序》是子夏作，《小序》是子夏、毛公合作。(《隋书·经籍志》称《序》为子夏所创,毛公及卫敬仲更加润益。)尤可骇者,宋程颐以《大序》为孔子所作,《小序》为当时国史所作。以《史记》《汉书》从未齿及之《诗序》,范蔚宗时"传于世"共知出卫宏手者,乃辗转攀引嫁名及于孔子、子夏,而千余年共认为神圣不可侵犯之宝典,真不可思议之怪象矣!

《诗》非必皆无作者主名,然断不能谓篇篇皆可得作者主名。《诗》非必皆无本事,然断不能谓篇篇皆有本事。以三百篇论,则无主名无本事者其数必远过于有主名有本事者,又至易见也。鲁、齐、韩三家书虽亡,其佚说时时见于他籍,间有述各篇之主名或年代或本事,则其义率较所谓《毛诗序》者为长。(如以《关雎》为康王时诗,以《采薇》为懿王时诗,以《驺虞》为主鸟兽之官,以《宾之初筵》为卫武公饮酒悔过作之类,盖有所受之也。)毛诗家所谓大毛公、小毛公者是否有其人,本已属问题。藉曰有之,然质诸刘歆、班固,亦未言二毛有作序之事，而卫宏生东汉之初，果何所受而能知申公、辕固、韩婴所不知，或另树一说以与为难者？故但考明《诗序》之来历，则其书之无价值本已不待辩。若细按其内容，则捧腹喷饭之资料更不可一二数。例如《郑风》见有"仲"字则曰祭仲，见有"叔"字则曰共叔段，余则连篇累牍皆曰"刺忽""刺忽"。郑立国数百年，岂其于仲、段、忽外遂无他人？而诗人讴歌，岂其于美刺仲、段、忽外遂无他情感？凿空武断，可笑一至此极！其余诸篇，大率此类也。故欲治《诗经》者，非先将《毛序》拉杂摧烧之，其蔀障不知所极矣！（看崔述《读风偶识》卷一通论诗序、卷二通论十三国风。）

朱熹《集传》亦每篇述作诗之旨而颇纠正卫序，较絜净矣。而又别有其凿空武断之途，故学者宜并举而廓清之。

风、颂、雅、南释名

"四诗"之说，见于《孔子世家》。其说是否为后人附益，尚难断定。若古有此说，则甚易解。盖三百篇本以类从，分为四体，曰南、曰风、曰雅、曰颂。自《毛诗序》不得"南"之解，将周、召二《南》侪于《邶》《鄘》以下之诸风名为"十五国风"，于是四诗余其三，而析小、大雅为二以足之，诗体紊矣。今分释其名如下。

一　释　南

《诗·鼓钟篇》"以雅以南"。"南"与"雅"对举，雅既为诗之一体，则南亦必为诗之一体甚明。《礼记》文王世子之"胥鼓南"，《左传》之"象箾南籥"，皆指此也。此体诗何以名之为"南"，无从臆断。毛氏于《鼓钟》传云："南夷之乐曰南。"《周礼》旄人郑注，《公羊》昭二十五年何注皆云："南方之乐曰任。""南""任"同音，当本一字。乃至后此汉、魏乐府所谓"盐"，所谓"艳"者（河鹄盐、归国盐、突厥盐、黄帝盐、疏勒盐、三妇艳）亦即此字所变术，盖未可知。但《毛诗序》必谓

《鼓钟》之"南"非二南之"南"。其释二《南》则谓"南，言王化自北而南"。则望文生义，极可笑。此如某帖括家选古诗解《昔昔盐》为食盐矣。窃意"南"为当时一种音乐之名，其节奏盖自为一体，与雅、颂等不同。据《仪礼·乡饮酒礼》《燕礼》，皆于工歌间歌笙奏之后终以合乐，合乐所歌为《周南》之《关雎》《葛覃》《卷耳》，《召南》之《鹊巢》《采蘩》《采蘋》。《论语》亦云："《关雎》之乱，洋洋乎盈耳哉。""乱"者，曲终所奏也。综合此种资料以推测，"南"似为一种合唱的音乐，于乐终时歌之，歌者不限于乐工，故曰"其乱洋洋盈耳"矣。

二 释 风

《毛诗序》释"风"字之义，谓："上以风化下，下以风刺上。"亦是望文生义。窃疑风者讽也，为讽诵之讽字之本文。《汉书·艺文志》云："不歌而诵谓之赋。""风"殆只能讽诵而不能歌者。故《仪礼》《礼记》《左传》中所歌之诗，惟风无有。《左传》述宴享时所及之风诗则皆赋也，正所谓不歌而诵也。（《左传》季札观乐篇遍歌各国风，其文可疑，恐是孔子正乐以后之学者所记。详《左传》解题。）后此风能歌与否不可知，若能，恐在孔子正乐后也。

三 释 雅

雅者正也，殆周代最通行之乐，公认为正声，故谓之雅。《仪礼·乡饮酒礼》云："工歌《鹿鸣》《四牡》《皇皇者华》，笙《南陔》《白华》《华黍》，乃间歌《鱼丽》，笙《由庚》，歌《南有嘉鱼》，笙《崇丘》，歌《南山有台》，笙《由仪》……工告于乐正曰：'正乐备'……"（笙诗六篇有声无辞。晋束皙谓其亡而补之，妄也。窃疑歌与笙同时合作，相依而节，如今西乐所谓"伴奏"。例如歌《鱼丽》时即笙《由庚》以为伴，《由庚》但有音符之谱而无辞可歌，其音节则与所歌《鱼丽》相应也。《南陔》之与《鹿鸣》，《白华》之与《四牡》，《华黍》之与《皇皇者华》，《崇丘》之与《南有嘉鱼》，《由仪》之与《南山有台》，并同。）凡小雅、大雅之诗皆用此体，故谓之正乐，谓之雅。

四　释　颂

后人多以颂美之义释颂，窃疑不然。《汉书·儒林传》云："鲁徐生善为颂。"苏林注云："颂貌威仪。"颜师古注云："颂读与容同。"颂字从页，页即人面，故容貌实颂字之本义也。然则《周颂》《商颂》等诗何故名为颂耶？南、雅皆唯歌，颂则歌而兼舞。《周官》："奏无射，歌夹钟，舞大武。"《礼记》："朱干玉戚冕而舞大武。"《大武》为《周颂》中主要之篇，而其用在舞。舞则舞容最重矣，故取所重名此类诗曰颂。《乐记》云："夫《武》，始而北出，再成而灭商，三成而南，四成而南国是疆，五成而分周公左召公右，六成复缀以崇天子，夹振之而四伐，盛威于中国也。分夹而进，事蚤济也；久立于缀，以待诸侯之至也。"（今本《周颂》惟"于皇武王"一章下句标题为"武"。然据《左传》宣十二年楚庄王云："武王克商，作《武》，其卒章曰'耆定尔功'，其三曰'敷时绎思，我徂维求定'，其六曰'绥万邦屡丰年'……"今本惟"耆定尔功"在《武》之章。"敷时绎思"云云其章名曰《赉》，"绥万邦"云云其章名曰《桓》，而春秋时人乃并指为《武》之一部，且确数其篇次。可见今本分章非古，而《大武》之诗不止一章矣。）观此则《大武》舞容何若，尚可髣髴想见。三《颂》之诗，皆重舞节，此其所以与雅、南之唯歌者有异，与风之不歌而诵者更异也。（略以后世之体比附之，则风为民谣，南、雅为乐府歌辞，颂则剧本也。）

右"四诗"之分析解释，前人多未道及，吾亦未敢遽自信，姑悬一说以待来者。

读《诗》法之一

诗三百篇，为我国最古而最优美之文学作品。其中颂之一类，盖出专门文学家、音乐家所制，最为典重矞皇。雅之一类，亦似有一部分出专门家之

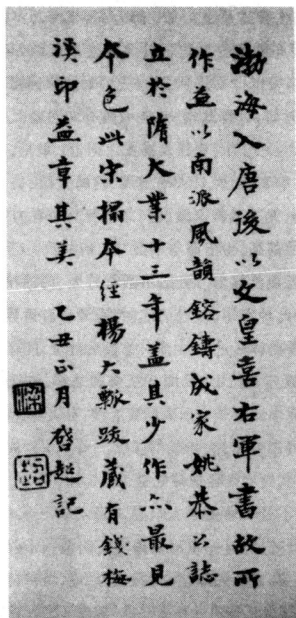

梁启超书《姚辩碑跋》

手。南与风则纯粹的平民文学也。前后数百年间各地方各种阶级各种职业之人男女两性之作品皆有，所写情感对于国家社会、对于家庭、对于朋友个人相互交际、对于男女两性间之怨慕等等，莫不有其代表之作。其表现情感之法，有极缠绵而极蕴藉者。例如：

> 君子于役，不知其期。曷至哉？鸡栖于埘……君子于役，如之何勿思？

如：

> 陟彼岵兮，瞻望父兮。父曰："嗟！予子行役，夙夜无已。上慎旃哉，犹来无止。"

如：

> 习习谷风，以阴以雨。黾勉同心，不宜有怒。采葑采菲，无以下体。德音莫违，及尔同死。

有极委婉而实极决绝者，例如：

> 泛彼柏舟，在彼中河。髧彼两髦，实维我仪。之死矢靡它，母也天只，不谅人只！

有极沉痛而一发务使尽者，例如：

> 蓼蓼者莪，匪莪伊蒿。哀哀父母，生我
> 劬劳。

如：

> 苕之华，其叶青青。知我如此，不如
> 无生。

有于无字句处写其深痛或挚爱者，例如：

> 彼黍离离，彼稷之苗。行迈靡靡，中心摇
> 摇。知我者谓我心忧，不知我者谓我何求。悠
> 悠苍天，此何人哉。

如：

> 瞻彼日月，悠悠我思。道之云远，曷云
> 能来。

有其辞繁而不杀，以曲达菀结不可解之情者，
例如：

> 《谷风》《载驰》《鸱鸮》《节南山》《正
> 月》《十月之交》《小弁》《桑柔》诸篇。（全文
> 不录。）

有极淡远而一往情深者，例如：

> 蒹葭苍苍，白露为霜。所谓伊人，在水一方。溯洄从之，道阻且长。溯游从之，宛在水中央。

有极旖旎而含情邈然者，例如：

> 春日载阳，有鸣仓庚。女执懿筐，遵彼微行，爰求柔桑。春日迟迟，采蘩祁祁，女心伤悲，殆及公子同归。

凡此之类，各极表情文学之能事。（右所举例不过随感忆所及随摭数章，今学者循此以注意耳，非谓表情佳什仅此，亦非谓表情法之种类仅此也。）故治《诗》者宜以全《诗》作文学品读，专从其抒写情感处注意而赏玩之，则《诗》之真价值乃见也。

孔子曰："诗可以兴，可以观，可以群，可以怨。"孔子于文学与人生之关系看出最真切，故能有此言。古者以诗为教育主要之工具，其目的在使一般人养成美感，有玩赏文学的能力，则人格不期而自进于高明。夫名诗仅讽诵涵泳焉，所得已多矣，况孔子举三百篇皆弦而歌之，合文学、音乐为一，以树社会教育之基础，其感化力之大云胡可量！子之武城，闻弦歌之声，子游对以"君子学道则爱人，小人学道则易使"。谓以诗教也，谓美感之能使社会向上也。吾侪学《诗》，亦学孔子之所学而已。

《诗》学之失，自伪《毛序》之言"美刺"始也。伪《序》以美刺释《诗》者十而八九，其中"刺时""刺其君""刺某人"云云者又居彼八九中之八九。夫感慨时政，憎嫉恶社会，虽不失为诗人情感之一，然岂舍此遂更无可抒之情感者？伪《序》乃悉举而纳之于刺，例如《邶风》之《雄雉》，《王风》之《君子于役》，明为夫行役在外而妻念之之作，与时君何与？而一以为刺卫宣公，一以为刺周平王。《邶风》之《谷风》，《卫风》之《氓》，明是弃妇自写其哀怨，而一以为刺夫妇失道，一以为刺时。诸如此类，指不胜指。信如彼说，则三百篇之作者乃举如一黄蜂，终日以螫人为事，自身复有性情否耶？三百篇尽成"爰书"，所谓温柔敦厚者何在耶？又如男女相悦之诗十九释为刺淫，彼盖泥于孔子"思无邪"之言，以为"淫则邪，刺之则无邪"也。信如彼说，则搆淫词以为刺，直"劝百讽一"耳，谓之无邪可乎？不知男女爰悦，亦情之正，岂必刺焉而始有合于无邪之旨也。是故自美刺之说行，而三百篇成为"司空城旦书"，其性灵之神圣曶没不曜者两千年于兹矣。学者速脱此梏，乃可与语于学《诗》也。

读《诗》法之二

前段所说，专就陶养情感一方面言。但古人学《诗》，尚有第二目的，在应用一方面。孔子曰："不学诗，无以言。"又曰："诵诗三百，授之以政，不达，使于四方，不能专对，虽多亦奚以为？"学诗何故能言能专对，授之以政何故能达耶？为政者不外熟察人情，批其窾郤，因而导之。而吾人所以御事应务，其本则在"多识前言往行以畜其德"。古人学《诗》，将以求此也。《左传》襄二十八年云，"赋诗断章，余取所求焉"。断章取所求，即学诗应用方面之法也。是故"缗蛮黄鸟，止于丘隅"。孔子读之则曰："于止知其所止，可以人而不如鸟乎？""高山仰止，景行行止。"孔子读之则曰："诗之好仁如此，乡道而行，中道而废，忘身之老也，不知年数之不足也，俛焉日有孳孳，毙而后已。"司马迁读之则曰："虽不能至，而心向往之。""如切如磋，如琢如磨。"子贡读之，悟所以处贫富者。"巧笑倩兮，美目盼兮，素以为绚兮。"子夏读之，明"礼后"之义。孔子并赞叹之曰："赐也、商也，始可与言诗也已矣。""彻彼桑土，绸缪牖户。今此下民，或敢侮予。"孟子读之则曰："能治其国家，谁敢侮之！""鸤鸠在桑，其子七兮。淑人君子，其仪一兮。"荀子读之则曰："故君子结于一也。"自余如《左传》所记列国卿大夫之赋诗言志，以及《韩诗外传》《新序》之或述事、或树义，而引诗以证成之。凡此之类，并不必问其诗之本事与其本意。通吾之所感于作者之所感，引而申之，触类而长之，此亦锻炼德性增益才智之一法，古人所恒用，而今后尚可袭用者也。

读《诗》法之三

现存先秦古籍，真赝杂糅，几于无一书无问题。其精金美玉，字字可信可宝者，《诗经》其首也。故其书于文学价值外尚有一重要价值焉，曰可以为古代史料或史料尺度。

所谓可以为史料者，非谓如伪《毛序》之比附《左传》《史记》，强派某篇为某王某公之事云也。《诗经》关系政治者本甚希，即偶有一二属于当时宫廷事实者（如卫武公饮酒悔过、许穆夫人赋《载驰》之类），亦不甚足重轻，可置勿论。（《诗经》中关于具体的政治史料反不可尽信。盖文人之言华而不实者多也。如《鲁颂·闷宫》有"庄公之子"语，明为颂僖公无疑，而篇中又云"戎狄是膺，荆舒是惩"。僖公何从有此丰功伟烈耶?）虽然，历史决不限于政治，其最主要者在能现出全社会心的物的两方面之遗影。而高尚的文学作品，往往最能应给此种要求。《左传》季札观乐一篇对于十五国风之批评，即从社会心理方面研究《诗经》也。（其果否为季札所批评且勿论。）吾侪若能应用此方法而扩大之，则对于"诗的时代"——纪前九〇〇至六〇〇之中华民族之社会组织的基础及其人生观之根核，可以得较明确的概念。而各地方民性之异同及其次第醇化之迹，亦可以略见。其在物质方面，则当时动植物之分布，城郭宫室之建筑，农器、兵器、礼器、用器之制造，衣服、饮食之进步……凡此种种状况，试分类爬梳，所得者至复不少。故以史料读《诗经》几乎无一字无用也。

所谓史料之尺度者，古代史神话与赝迹太多，吾侪欲严密鉴别，不能不择一两部较可信之书以为准据，以衡量他书所言以下真伪之判决，所谓正日月者视北辰也。若是者，吾名之曰史料之尺度。例如研究孔子史迹当以《论语》为尺度是也。有诗时代及有诗以前之时代，正式之史未出现（《诗》亡然后《春秋》作），而传记、谶纬所记古事多糅杂不可究诘。《诗经》既未经后人窜乱，全部字字可信，其文虽非为记事而作，而偶有所记，吾辈良可据为准鹄。例如，"天命玄鸟，降而生商。""厥初生民，时维姜嫄。"乃商、周人述其先德之诗，而所言如此，则稷、契为帝喾子之说，当然成问题。例如："帝作邦作对，自太伯王季。"明是周人历述其创业之主，则泰伯有无逃荆蛮之事，亦成问题（恐周人自文、武以前亦如殷制兄终弟及）。例如，各篇中屡言夏禹，如"禹敷下土方""缵禹之绪"等，而尧、舜无一字道及，则尧、舜为何等人亦可成问题。诸如此类，若以史家极谨严的态度临之，宁阙疑勿武断，则以《诗经》为尺度，尚可得较絜净之史也。

说《诗》注《诗》之书

《诗》居六艺之首，自汉以来，传习极盛，解说者无虑千百家。即今现存之笺释等类书亦无虑千百种，略读之已使人头白矣，故吾劝学者以少读为妙。若必欲参考，则姑举以下各书。

西汉今文诗说有鲁、齐、韩三家，其传皆亡，仅余一《韩诗外传》为韩诗之别子。刘向之《新序》及《说苑》，说《诗》语极多。向固治鲁诗也，欲知西汉诗说之大概，此三书宜读。

清陈乔枞有《三家诗遗说考》，搜采三家说略备，可参考。

现行《十三经注疏》本《诗经》，为毛传、郑康成笺、孔颖达疏，所谓古文家言也。毛序之万不可信，吾已极言之。惟毛传于训诂颇简絜，可读也。郑笺十九申毛，时亦纠之，穿凿附会者不少，宜分别观。孔疏颇博洽而断制少。清儒新疏，有陈奂《诗毛氏传疏》最精审，专宗毛，虽郑亦不苟同也。次则马瑞辰《毛诗传笺通释》，胡承珙《毛诗后笺》亦好。而王引之《经义述闻》《经传释词》中关于毛诗各条皆极好。学者读此类书，宜专取其关于训诂名物方面观之，其关于礼制者已当慎择，关于说《诗》意者切勿为其囿。

宋儒注释书，朱熹《诗经集传》颇絜净。其教人脱离传笺直玩诗旨，颇可学，但亦多武断处。其对于训诂名物，远不逮清儒之精审。

通论《诗》旨之书，清魏源《诗古微》、崔述《读风偶识》，极有理解，可读。姚际恒《九经通论》中《诗经》之部当甚好，但我尚未见其书。

吾关于整理《诗经》之意见有二。其一，训诂名物之部，清儒笺释，已十得八九，汇观参订，择善以从，泐成一极简明之新注，则读者于文义可以无阂。其二，诗旨之部，从《左传》所记当时士大夫之"赋诗断章"起，次《论语》《孟子》《礼记》及周秦诸子引《诗》所取义，下至《韩诗外传》《新序》《说苑》及《两汉书》各传中之引《诗》

语止，博采其说分系本诗之下，以考见古人"以意逆志""告往知来"之法，俾诗学可以适用于人生。兹事为之并不难，惜吾有志焉而未之逮也。

《史记》

《史记》作者之略历及其年代

《史记》百三十篇，汉太史令司马迁作。迁字子长（见扬雄《法言》及王充《论衡》），左冯翊夏阳人（据《自序》"司马氏人少梁"语案推汉地），今陕西之同州韩城县也。司马氏世典周史，迁父谈，以汉武帝建元元封间仕为太史令。谈卒，迁袭官。迁生卒年不见于《太史公自序》及《汉书·司马迁传》，惟据《自序》云："为太史令五年而当太初元年。"张守节《正义》云："案迁年四十二岁。"以此推算，知迁生于景帝中五年（西纪前一四五年）。父谈，学天官于唐都，受《易》于杨何，习道论于黄子。迁皆传其学。迁又受业孔安国治《尚书》，闻《春秋》于董仲舒。喜游历，足迹遍天下，其所经行之地见于本书者如下：

《五帝本纪》："余尝西至崆峒，北过涿鹿，东渐于海，南浮江淮矣。"

《河渠书》："余南登庐山，观禹疏九江，遂至于会稽，太湟，上姑苏，望五湖。东窥洛汭、大邳，迎河，行淮、泗、济、漯、洛渠；西瞻蜀之岷山及离碓。北自龙门至于朔方。"

《齐太公世家》："吾适齐，自泰山属之琅琊，北被于海，膏壤二千里。"

《魏世家》："吾适故大梁之墟。"

《孔子世家》："余适鲁，观仲尼庙堂。"

《伯夷列传》："余登箕山，其上盖有许由冢云。"

《孟尝君列传》："吾尝过薛，其俗闾里率多暴桀子弟，与邹、鲁殊。"

《信陵君列传》："吾过大梁之墟，求问其所谓夷门。夷门者，城之东门也。"

《春申君列传》："吾适楚，观春申君故城宫室，盛矣哉！"

《屈原贾生列传》："余适长沙，观屈原所自沉渊。"

《蒙恬列传》："吾适北边，自直道归，行观蒙恬取为秦筑长城亭障。"

《淮阴侯列传》："吾如淮阴，淮阴人为余言韩信。""余视其母冢。"

《樊郦滕灌列传》："吾适丰沛，问其遗老，观故萧、曹、樊哙、滕公之冢。"

《太史公自序》："二十而南游江、淮，上会稽，探禹穴，窥九疑，浮于沅、湘。北涉汶、泗，讲业齐、鲁之都，观孔子之遗风，乡射邹、峄。戹困鄱、薛、彭城，过梁、楚以归。""奉使西征巴、蜀以南，南略邛、笮、昆明。"

吾侪试取一地图，按今地，施朱线，以考迁游踪，则知当时全汉版图，除朝鲜、河西、岭南诸新开郡外，所历殆遍矣。迁初仕为郎中，及继父任太史令，则奉诏修太初历。自发议迄颁定，皆迁主之。始末具详《汉书·律历志》。修历事毕，从事作史。史未成，因上书救李陵，获罪下蚕室。已而为中书令，尊宠任事。其卒年无考，大率在武帝末年。今据王静安（国维）所著《太史公系年考略》，略表其行历年代如下：

西纪前一四五（景帝中元五年）迁生。

前一四〇（武帝建元元年）六岁。

前一三六（建元五年）十岁。自序云："年十岁则诵古文。"

前一三四（元光元年）十二岁。

前一二八（元朔元年）十八岁。

前一二六（元朔三年）二十岁。自序云："二十而南游江淮，……过梁、楚以归。"（全文见前）所记或不止一年事，要之自二十岁起游学四方也。

前一二二（元狩元年）二十四岁。《史记》所记事，讫于是年。说详下。

前一一六（元鼎元年）三十岁。自序云："于是迁仕为郎中。"其年无考，大约在元狩、元鼎间。

前一一〇（元封元年）三十六岁。自序云："奉使西征巴、蜀，还报命。是岁，天子始建汉家之封。"迁归自南，见父谈于河、淮之间。未几，谈卒。遗命使迁撰史。

前一〇八（元封三年）三十八岁。始为太史令。自序云："太史公卒三岁，而迁为太史令。绅史记石室金匮之书。"

前一〇四（太初元年）四十二岁。据《汉书·律历志》，元封七年，因太史令司马迁等言历法废坏，宜改正朔，乃诏以明年为太初元年，命迁等造汉历，选邓平及民间治历者二十余人参其事。事竣，诏迁颁所造八十一分历，即所谓太初历也。迁生平事业，造历之功，盖亚于作史云。

《史记》盖以是年属稿。自序云："五年（为太史令后之五年）而当太初元年。……太史公曰：孔子卒后至于今五百岁，……小子何敢让焉！……于是论次其文。……"

前一〇〇（天汉元年）四十六岁。

前九八（天汉三年）四十八岁。下狱被刑。自序云："七年而太史公遭李陵之祸，幽于缧绁。"徐广注云："天汉三年。"（据《李将军列传》及《匈奴列传》，李陵降匈奴在天汉二年。）是时《史记》尚未成书，故《报任安书》云："草创未就，适会此祸。惜其不成，是以就极刑而无愠色。"

前九六（太始元年）五十岁。《汉书》本传云："迁既被刑之后，为中书令，尊宠任职事。"当在此数年中。

前九三（太始四年）五十三岁。是年有报益州刺史任安书。书见《汉书》本传，不箸年月，惟书中有"会东从上来"语，又有"涉旬月迫季冬，仆又薄从上雍"语。考《汉书·武帝纪》"是年春三月，行幸太山。夏四月，幸不其。五月，还幸建章宫。"即所谓"东从上来"也。又："冬十二月，行幸雍，祠五畤。"即所谓"季冬从上雍"也。故知报书在是年。迁时为宦侍，故每出必扈行也。

前九二（征和元年）五十四岁。

前八八（后元元年）若迁尚在，则其年五十八岁。明年武帝崩。迁卒年绝无可考。惟据《汉书·宣帝纪》载武帝后元二年遣使尽杀长安狱囚，内谒者令郭穰夜至郡邸狱云云。案《续汉书·百官志》知内谒者令即中书谒者令，亦即中书令。然则其时迁已不在中书，计当前卒矣。大约迁之年代与武帝相始终也。

《史记》之名称及其原料

《史记》之名，非迁书原名也。其见于《汉书》者，《艺文志》述刘歆《七略》称"太史公百三十篇"；《杨恽传》谓之"太史公记"，应劭《风俗通》（卷一、卷六）同；《宣元六王传》谓之"太史公书"，班彪《略论》、王充《论衡》同。而《风俗通》（卷二）时或称"太史记"。是知两汉时并未有名迁书为"史记"者。本书中"史记"之名凡八见：（一）《周本纪》云："太史伯阳读史记。"（二）

《十二诸侯年表》云："孔子论史记旧闻。"（三）《十二诸侯年表》云："左丘明因孔子史记具论其语。"（四）《六国表》云："秦烧天下书，诸侯史记尤甚。"（五）《六国表》云："史记独藏周室。"（六）《天官书》云："余观史记考事。"（七）《孔子世家》云："乃因鲁史记作《春秋》。"（八）《太史公自序》云："绌史记石室金匮之书。"皆指古史也。"史记"之名，盖起于魏、晋间，实"太史公记"之省称耳。

《史记》所据之原料，据班彪《略论》，则（一）《左传》，（二）《国语》，（三）《世本》，（四）《战国策》，（五）陆贾《楚汉春秋》。今考本书中自述其所取材者如下：

《五帝本纪》："予观《春秋》《国语》。"

《殷本纪》："自成汤以来，采于《诗》《书》。"

《秦始皇本纪》："吾读秦记。"

《孝武本纪》："余究观方士、祠官之言。"

《三代世表》："余读谍记，稽其历谱。"

《十二诸侯年表》："太史公读《春秋历谱谍》。" "秦记不载日月，其文略不具。""余于是因秦记，踵《春秋》之后……著诸所闻兴坏之端。"

《吴太伯世家》："余读《春秋》古文。"

《卫康叔世家》："余读世家言。"

《伯夷列传》："学者载籍极博，犹考信于六艺。"

《管晏列传》："吾读管氏《牧民》《山高》《乘马》《轻重》《九府》及《晏子春秋》。"

《司马穰苴列传》："余读《司马兵法》。"

《孙吴列传》："《孙子》十三篇，《吴起兵法》世多有。"

《仲尼弟子列传》："悉取《论语》弟子问并次为篇。"

《孟子荀卿列传》："余读孟子书。""自如孟子至于吁子，世多有其书。"

《商鞅列传》："余尝读商君开塞耕战书。"

《屈原贾生列传》："余读《离骚》《天问》《招

魂》《哀郢》。"

《郦生陆贾列传》："余读陆生《新语》书。"

《儒林列传》："余读功令。"

大抵除班彪所举五书外，史公所采主要材料：（一）六艺，（二）秦史记，（三）谍记（或即《世本》），（四）诸子著书现存者，（五）功令官书，（六）方士言。而秦火后"诸侯史记"之湮灭，则史公最感苦痛者也。

史公史料，多就地采访，观前条所列游踪可见。各篇中尚有明著其所亲见闻者如下：

《项羽本纪》："吾闻之周生。"

《赵世家》："吾闻冯王孙。"

《魏世家》："吾适故大梁之墟，墟中人言曰。"

《淮阴侯列传》："吾如淮阴，淮阴人为余言。"

《樊郦滕灌列传》："余与他广游，为言高祖功臣之兴时若此云。"

《冯唐传》："唐子遂与余善。"

《韩长孺列传》："余与壶遂定律历，观韩长孺之义。"

《李将军列传》："余观李将军，悛悛如鄙人。"

《卫将军骠骑列传》："苏建语余曰。"

《游侠列传》："吾观郭解，状貌不如中人。"

凡此皆《史记》资料多取诸载籍以外之证也。

《史记》著述之旨趣

《史记》自是中国第一部史书，但吾侪最当注意者，"为作史而作史"，不过近世史学家之新观念，从前史家作史，大率别有一"超史的"目的，而借史事为其手段。此在各国旧史皆然，而中国为尤甚也。孔子所作《春秋》，表面上像一部二百四十年的史，然其中实蕴含无数"微言大义"，故后世学者不谓之史而谓之经。司马迁实当时春秋家大师董仲舒之受业弟子，其作《史记》盖窃比《春秋》，故其《自序》首引仲舒所述孔子之言曰："我欲载之空言，不如见之于行事之深切著明也。"其意若曰：吾本有种种理想，将以觉民而救世，但凭空发议论，难以警切，不如借现成的历史上事实做个题目，使读者更为亲切有味云尔。《春秋》旨趣既如此，则窃比《春秋》之《史记》可知。故迁《报任安书》云："欲以究天人之际，通古今之变，成一家之言。"《自序》亦云："略以拾遗补蓺，成一家之言，厥协六经异传，整齐百家杂语。藏诸名山，副在京师，俟后世圣人君子。"由此观之，其著书最大目的，乃在发表司马氏"一家之言"，与荀卿著《荀子》，董生著《春秋繁露》，性质正同。不过其"一家之言"，乃借史的形式以发表耳。故仅以近世史的观念读《史记》，非能知《史记》者也。

《史记》之史的价值

然则《史记》不复有史的价值耶？是又不然。据《自序》："司马氏世典周史。"古代学术，率为官府所专有，而史官尤为其渊海。谈、迁父子入汉，世守其业。《自序》云："百年之间，天下遗文古事，靡不毕集太史公。太史公仍父子相续纂其职。"盖当时具备作史资格者，无如迁父子。故谈临终以此责迁，而迁亦毅然以此自任。前此史家著述成绩何如，今不可尽考。略以现存之几部古史观之，大抵为断片的杂记，或顺按年月纂录。其自出机杼，加以一番组织，先定全书规模，然后驾驭去取各种资料者，盖未之前有。有之，自迁书始也。《自序》云："余所谓述故事整齐其世传，非所谓作也。"此迁自谦云尔。作史安能凭空自造？舍"述"无由。史家惟一职务，即在"整齐其世传"。"整齐"即史家之创作也。能否"整齐"，则视乎其人之学识及天才。太史公知整齐之必要，又知所以整齐，又能使其整齐理想实现，故太史公为史界第一创作家也。

《史记》创造之要点，以余所见者如下：

一，以人物为中心。历史由环境构成耶？由人物构成耶？此为史界累世聚讼之问题。以吾侪所见，虽两方势力俱不可蔑，而人类心力发展之功能，固当畸重。中国史家，最注意于此，而实自太史公发之。其书百三十篇，除十表八书外，余皆个人传记，在外国史及过去古籍中无此体裁。以无数个人传记之集合体成一史，结果成为人的史而非社会的史，是其短处。然对于能发动社会事变之主要人物，各留一较详确之面影以传于后，此其所长也。长短得失且勿论，要之太史公一创作也。

二，历史之整个的观念。从前的史，或属于一件事的关系文书——如《尚书》，或属于各地方的记载——如《国语》《战国策》，或属于一时代的记载——如《春秋》及《左传》。《史记》则举其时所及知之人类全体自有文化以来数千年之总活动冶为一炉，自此始认识历史为整个浑一的，为永久相续的。非至秦汉统一后，且文化发展至相当程度，则此观念不能发生。而太史公实应运而生，《史记》实为中国通史之创始者。自班固以下，此意荒矣！故郑渔仲（樵）、章实斋（学诚）力言《汉书》以后"断代史"之不当。虽责备或太过，然史公之远识与伟力，则无论何人不能否定也。

右二项就理想方面论。

三，组织之复杂及其联络。《史记》以十二本纪、十表、八书、三十世家、七十列传组织而成。其本纪及世家之一部分为编年体，用以定时间的关系；其列传则人的记载，贯彻其以人物为历史主体之精神；其书则自然界现象与社会制度之记述，与"人的史"相调剂；内中意匠特出，尤在十表。据桓谭《新论》谓其"旁行斜上并效周谱"。或以前尝有此体制亦未可知。然各表之分合间架，总出诸史公之惨淡经营。表法既立，可以文省事多，而事之脉络亦具。《史记》以此四部分组成全书，互相调和，互保联络，遂成一部博大谨严之著作。后世作断代史者，虽或于表志门目间有增减，而大体组织不能越其范围。可见史公创作力之雄伟，能笼罩千古也。

四，叙列之扼要而美妙。后世诸史之列传，多藉史以传人。《史记》之列传，惟藉人以明史。故与社会无大关系之人、滥竽者少。换一方面看，立传之人，并不限于政治方面，凡与社会各部分有关系之事业，皆有传为之代表。以行文而论，每叙一人，能将其面目活现。又极复杂之事项——例如《货殖列传》《匈奴列传》《西南夷列传》等所叙，皆能剖析条理，缜密而清晰，其才力固自复绝。

右二项就技术方面论。

要之《史记》价值，久为学界所公认。吾侪赞美，适成赘词，反不如攻其阙失，犹足附于史公忠臣之列。今姑述此四项，致吾敬仰云尔。

1925 年冬在清华学校国学研究院（右二）

《史记》成书年代及后人补续窜乱之部分

现存古书，十有九非本来面目，非加一番别择整理工夫而贸然轻信，殊足以误人。然别择整理之难，殆未有甚于《史记》者。今欲从事研究，盖有先决问题二：一，为《史记》是否已成书之问题；二，为《史记》记事最终年限问题。

《史记》是否已成书耶？按《自序》则百三十篇粲然具备，似悉出史公手定。故此问题，二千年从未发生。然据《汉书·司马迁传》已云："十篇有录无书。"《后汉书·班彪传》亦云："十篇缺焉。"注家谓"迁没之后亡"，则认为书本完成后乃亡佚云尔。吾细考史公年历，则不能无疑。《报任安书》自述下狱时事，云："草创未就，会遭此祸。惜其不成，是以就极刑而无愠色。"则其时书尚未成可知。时天汉三年也。自此以后，去太史令职而为中书令，"金匮石室之藏"，不复能如昔时之恣其细读。又近侍尊宠，每有巡幸，无役不从。依《汉书·武帝纪》所载："太始二年，正月，行幸回中，登陇首。三年，正月，行幸甘泉。五月，行幸东海至琅邪成山，登之罘。冬乃归。四年，三月，行幸泰山。四月，幸不其。十二月，行幸雍，西至安定北地。"此皆史公官中书时事，计数年间能安居京师从事著述者殆无几日，《报任安书》所谓"卒无须臾之间得竭志意"，盖实情也。《报任安书》已经考定为太始四年冬间作，玩其语气，史确未成。《书》云："仆诚已著此书，则偿前辱之责，虽万被戮岂有悔哉！"下又云："是以肠一日而九回，居则忽忽若有所亡，出则不知其所往。每念斯耻，汗未尝不发背沾衣也。"则书未成而前辱未偿明甚。越二年而巫蛊难作，史公存亡已不可考矣。然则书竟不成而赍志以没，未可知也。信如是也，则《史记》之有缺篇，非亡佚而原缺也。而今本乃百三十篇，一无所欠，其果为迁书之旧耶？否耶？

《史记》所记事，以何年为最终年限耶？据《自序》曰："故述往事，思来者，卒述陶唐以来，至于麟止。"《集解》："张晏曰：'武帝获麟，迁以为述事之端。上纪黄帝，下至麟止，犹《春秋》止于获麟也。'"《汉书·扬雄传》云："太史公记六国，历楚汉，讫麟止。"《后汉书·班彪传》云："太史令司马迁，上自黄帝，下讫获麟，作本纪、世家、列传、书、表，凡百三十篇。"右据迁所自言及扬雄、班固言（《扬雄传》，雄所自作，班书全采之。《班彪传》，班固作，范书全采之）。则"麟止"一语，殆为铁案。案武帝获麟，在元狩元年冬十月（西纪前一二二）。孔子作《春秋》讫于鲁哀公十四年西狩获麟，《史记》窃比《春秋》，时亦适有获麟之事，故所记以此为终限。然则《武帝本纪》当叙至元狩元年十月止，年表、世家、列传称是。凡此年以后之记事，皆非原文。此标准宜为最可信据者。

虽然，本书所载元狩元年以后之事甚多，而年限亦有异说。其年限之异说，则：

一 讫太初说。《太史公自序》最末一段云：

"余述历黄帝以来，至太初而讫。"《汉书叙传》云："太初以后，阙而不录。"太初凡四年，若讫太初四年（西纪前一〇一），则逾麟止之限二十二年。

二　讫天汉说。《汉书·司马迁传赞》云："述《楚汉春秋》，接其后事，讫于天汉。"《史记》之《集解》《索隐》《正义》皆主是说。天汉接太初后，凡四年，若讫天汉四年（西纪前九七），则逾麟止之限二十六年。

三　讫武帝末说。《建元以来侯者年表》末附："褚先生曰：太史公记事，尽于武帝之末。"武帝最末一年为后元二年（西纪前八七），若讫于此，则逾麟止之限三十六年。

右第二第三两种异说出自后人之口，且暂置不理。惟第一异说之讫太初，则与讫麟止语同出《自序》。一篇之中，矛盾至此，实令人迷惑。查"讫麟止"语，在《自序》大序之正文中，"讫太初"语，乃在小序之后另附一行，文体突兀不肖。又《汉书》本传全录《自序》而不载此一行，似班固所见《自序》原本，并无此语。衡以史公窃比《春秋》之本意，固宜以"麟止"为断也。但太初、天汉事，尚为史公所及见耳。今本《史记》，不独太初、天汉事盈篇累幅也，乃至记武帝后事者，且不一而足。如：

一 《酷吏传》载："杜周捕治桑弘羊昆弟子。"事在昭帝元凤间（西纪前八〇至前七五），距武帝崩六年至十二年。

二 《楚元王世家》云："地节二年，中人上书告楚王谋反。"宣帝地节二年（西纪前六八），距武帝崩十九年。

三 《齐悼惠王世家》载："建始三年，城阳王景卒。同年，菑川王横卒。"成帝建始三年（西纪前三〇），距武帝崩五十七年。

四 《将相名臣表》武帝后续以昭、宣、元、成四帝，直至鸿嘉元年止。成帝鸿嘉元年（西纪前二〇），距武帝崩六十七年。

右不过举数条为例。书中所记昭、宣、元、成间事，盖更仆难数。无论如何曲解，断不能谓太史公及见建始、鸿嘉时事。然而此诸条者，固明明在今本正文中，稍粗心读去，绝不能辨矣。吾侪据此等铁证，可以断言今本《史记》绝非史公之旧，其中有一部分乃后人羼乱。

然则《史记》何故容后人羼乱耶？某部分属于后人羼乱耶？其来由及种类约有三：

第一类　原本缺亡而后人补作者。《汉书·司马迁传》云："十篇缺，有录无书。"颜注引张晏曰："亡《景纪》《武纪》《礼书》《乐书》《兵书》《汉兴以来将相年表》《日者列传》《三王世家》《龟策列传》《傅靳列传》。元、成之间褚先生补缺，作《武帝纪》《三王世家》《日者》《龟策列传》，言辞鄙陋，非迁本意也。"案：今本《三王世家》《日者》《龟策》两传皆有褚先生补文，附于赞语之后，而史公原文，似亦未尝缺。若《武帝纪》则并褚补字样而无之，而其文乃割裂《封禅书》，赞语亦全与《封禅书》同，非原文明矣。其余张晏所举诸篇，今本皆现存，其不足信亦明。又《三代世表》《建元以来侯者年表》《陈涉世家》《外戚世家》《梁孝王世家》《田叔列传》等篇，皆各有"褚先生曰"一段补文附于赞语后，则褚补原不仅四篇也。如《张丞相列传》于赞语后有一大段补文，但并无"褚先生曰"字样，知补者又不独一褚先生也。补文别附赞后者，吾辈能识别之。若如《武帝纪》之类，竟以补文作正文，或所补并非褚先生之旧者，则后人从何辨耶？

第二类　后人续撰者。《汉书·艺文志》于"太史公百三十篇"（《史记》本名太史公书）之后，接列"冯商所续太史公七篇"。刘知几《史通·正史篇》云："《史记》太初已后，阙而不录。其后刘向、向子歆及诸好事者若冯商、卫衡、扬雄、史岑、梁审、肆仁、晋冯、段肃、金丹、冯衍、韦融、萧奋、刘恂等相次撰续，迄于哀、平间，犹名《史记》。"（《后汉书·班彪传》注亦列举续《史记》者尚有阳城衡、史孝山二人。孝山当即岑）据此，则西汉、东汉之交，续《史记》者将二十家，而皆仍其旧名。即班彪续作数十篇，亦仅名为《后传》（见彪传）。盖自冯商、刘向以迄班彪，其意皆欲各据所立时代以次递续，不别为书。其截采《史记》记汉初以来之一部分，续以昭、宣迄哀、平之部分，以成断代之史，则自班固始耳。（然《汉书·古今人表》所表皆汉以前人，则其体裁仍是补续《史记》也。）当时既未有印书，传钞皆用竹木简或缣帛，弄携两艰，用之弥啬。各家所续本，或即以涂附于原钞本中。即不然，而学者展转诵习，竟将续本与原本合钞以图省便，亦意中事。故今本《史记》，有冯商、刘向、刘歆……诸人手笔杂入其中者，定不少也。

总之书中关于汉事之记载，若严格的甄别，宜以元狩元年以前为断；即稍宽，亦只能截至太初末而止。其有溢出此年限外者，绝非史公之旧也。然此犹较易辨别，其最难者，则有：

第三类　后人故意窜乱者。西汉末学界一大公案起焉，曰今古文之争。事缘刘歆典校中秘书，自称发见各种古文经传，其主要者则《春秋左氏传》《周礼》《古文尚书》，其余群经亦皆有古本，而其学说十九与汉初以来诸师所传者相背戾。又有各种纬书，亦皆起自哀、平间，其言荒诞不可究诘。东汉以后，多数学者皆信此等书为先秦古籍，而今文家则谓是皆歆及其徒党所伪造以媚王莽而助其篡。内中与《史记》问题关系最密切者，尤在《尚书》《左传》两书。今文家谓《尚书》为备（意谓汉初诸师所传二十八篇之《尚书》已完备无缺，无所谓百篇及《书序》也），谓《左氏》不传《春秋》。（意谓《左氏春秋》即《国语》，纯属别行之史，并非为《春秋》传也。）然则史公所述三代前及春秋间事，宜以《尚书》二十八篇及原本《左氏春秋》——即《国语》为限，而今《史记》乃多有助"古文家言"张目者。严鞫此谳，乃不能不归狱于歆等之有意窜乱。

然则歆等窜乱，果有可能性耶？曰：有。其

一，据《汉书·王莽传》："元始四年，征天下有逸礼、古书（即古文《尚书》）、毛诗、周官、尔雅、天文、图谶、钟律、月令、兵法、史篇、文字，通知其意者，皆诣公车。前后至者千数，皆令记说廷中。将令正乖缪、壹异说。"古文学说之掩袭天下，自此役始。盖此千数人者，皆承莽、歆意旨以改窜古书为职者也。而"史篇"亦在其中，则迁书之遭蹂躏，实意中事。时歆方典中秘书，则彼之所改，自称定本，谁复能与抗辩？其二，续《史记》者十六人，而歆与居一。歆所续今虽不传，然其人学博名高，其书必有可观。故班固《汉书》多采之。（黄省曾《西京杂记序》谓："班固《汉书》全取刘歆。"虽言之或太过，然歆书为固书最重要之原料殆不可疑。）今本《史记》以后人补续之语羼入正文者，既所在多有（见前文），且尤有后世妄人取《汉书》窜补者（见下文），则其中有一部分为歆手笔，并无足怪。

右所举第一第二类，清代乾嘉诸儒考证颇详。

其第三类，则吾师康南海先生（有为）之《新学伪经考》初发此疑，近人崔觯甫（适）著《史记探源》大发其覆。虽其中有过当之处，而大致盖可取。今略综诸家之说推考各篇真伪如下：

第一　全篇原缺后人续补者。《汉书》本传明言："十篇缺，有录无书。"班固所不及见者，后人何由得见？故左列十篇，应认为全伪：

《孝景本纪》张晏云："亡。"司马贞云："取班书补之。"

《孝武本纪》张晏云："《武纪》亡，褚先生补作也。"司马贞云："褚先生集合武帝事以编年，今止取《封禅书》补之，信其才之薄也。"今案：此纪即《封禅书》之下半，疑并不出褚先生手。或褚补亦亡，后人再割裂他篇充数耶？

《汉兴以来将相名臣年表》张晏云："亡。"裴骃云："太始以后，后人所续。"案：当从张说，全篇为后人补续。

《礼书》张晏云："亡。"司马贞云："取荀卿

《礼论》。"

《乐古》张晏云："亡。"司马贞云："取《礼记·乐记》。"

《律书》张晏云："《兵书》亡。"颜师古云："序目无《兵书》。"司马贞云："《兵书》，迁没之后亡。褚少孙以《律书》补之。"

《三王世家》张晏云："亡。褚先生补。"案：今本于太史公赞后附录褚补文，而赞前则录三封荣，实则前后皆褚补也。

《日者列传》《龟策列传》张晏云："亡。褚先生补。"案：此两篇文甚芜鄙，是否即褚补原本，尚未敢信。

《傅靳蒯成列传》张晏云："亡。"案：今本盖后人从《汉书》录补。

第二　明著续之文及补续痕迹易见者。

《三代世表》篇末自"张夫子问褚先生曰"以下。

《张丞相传》篇末自"孝武时丞相多"以下。

《田叔列传》篇末自"褚先生曰"以下。

《平津侯主父列传》篇末自"太皇太后诏"以下。又自"班固称曰"以下。

《滑稽列传》篇末"褚先生曰"以下。

以上各条，今武英殿版本皆改为低一格以示识别。

第三　全篇可疑者。班固称有录无书者虽仅十篇，然吾侪因此已得知《史记》确为未成之书，或虽成而已有亡佚。原书未成之推定，说已详前。即已成之部分，亦有亡佚之可能性。以卷帙浩瀚之书，在传写极艰之时代，散亡甚易，略可想见。《汉书》本传云："迁既死后，其书稍出。"据此似是一部分陆续传布。《后汉书·窦融传》云："光武赐融以太史公《五宗世家》《外戚世家》《魏其侯列传》。"则摘篇别写单行，固有明例矣。则各家抄本有一部分亡缺，亦事理之常。要之原缺续补者既有十篇，则所缺所补亦可至十篇以外。《淮南子》所谓"凿一孔而百隙随"也。今本《史记》中多有与《汉书》略同，而玩其文义，乃似《史记》割裂《汉书》，非《汉书》删取《史记》者。崔适指出各篇如下：

《孝武本纪》	妄人录《汉书·郊祀志》
《律书》《历书》	妄人录《汉书·律历志》
《天官书》	妄人录《汉书·天文志》
《封禅书》	妄人录《汉书·郊祀志》
《河渠书》	妄人录《汉书·沟洫志》
《平准书》	妄人录《汉书·食货志》
《张丞相列传》	妄人录《汉书》
《南越尉佗列传》	妄人录《汉书》
《循吏列传》	妄人所补
《汲郑列传》	妄人录《汉书》
《酷吏列传》	妄人录《汉书》
《大宛列传》	妄人录《汉书·张骞李广列传》

崔氏疑古太勇，其言虽未可据为典要，然既封于此诸篇提出问题，且颇能言之有故，持之成理，

则吾辈固宜一为推勘矣。

第四　元狩或太初以后之汉事为后人续补，窜入各篇正文者。此类在年表、世家、列传中甚多，不复枚举。

第五　各篇正文中为刘歆故意窜乱者。此项辨别甚难，举要点数端如下：

一　凡言"始终五德"者。《五帝本纪》《秦始皇本纪》《十二诸侯年表》《孟子荀卿列传》《张苍传》等篇。

二　凡言"十二分野"者。《十二诸侯年表》《齐、宋、郑世家》《张苍传》等篇。

三　凡言《古文尚书》及所述《书序》。《夏、殷、周本纪》《齐、鲁、卫、宋世家》等篇。

四　凡记汉初古文传授者。《儒林列传》《张苍传》等篇。

以上所论关于《史记》真本之种种考证，多采自近人著作而略断以己意。其言颇繁重，或为读者所厌。吾所以不惮烦为此者，欲学者知今本《史记》非尽原文而已。着手读《史记》以前，必须认定此事实，否则必至处处捍格难通也。

读《史记》法之一

读《史记》有二法。一，常识的读法。二，专究的读法。两种读法。有共同之入门准备。

一　先读《太史公自序》及《汉书·司马迁传》，求明了作者年代、性行、经历及全书大概。

二　读《汉书·叙传》论《史记》之部，刘知几《史通》之《六家篇》《二体篇》《正史篇》，郑樵《通志总序》论《史记》之部，《隋书·经籍志》及《四库提要》之史部正史类关于记述《史记》之部分，求略识本书在史学界之位置及价值。

今先论常识的读法。《史记》为正史之祖，为有组织有宗旨之第一部古史书，文章又极优美。二千年来学者家弦户诵，形成国民常识之一部，其地位与六经诸子相并。故凡属学人，必须一读，无可疑者。惟全篇卷帙颇繁，卒业不易。今为节啬日力计，先剔出以下各部分：

一　十《表》但阅序文，表中内容不必详究。但浏览其体例，略比较各表编次方法之异同便得。

一　八《书》本为极重要之部分，惟今所传似非原本。与其读此，不如读《汉书》各志，故可全部从省。

一　《世家》中吴、齐、鲁、管蔡、陈杞、卫、宋、晋、楚、越、郑各篇，原料十九采自《左传》。既读《左传》，则此可省。但战国一部分之《世家》仍须读，因《战国策》太无系统故。

一　《武帝纪》《日者传》《龟策传》等，已证明为伪书，且芜杂浅俚，自可不读。《扁鹊仓公传》等，似是长编，非定本，一涉猎便足。

以上所甄别，约当全书三分之一，所省精力已不少。其余各部分之读法略举如下。

第一，以研究著述体例及宗旨为目的而读之。《史记》以极复杂之体裁混合组织，而配置极完善，前既言之矣。专就列传一部分论，其对于社会文化确能面面顾及。政治方面代表之人物无论矣，学问、艺术方面，亦盛水不漏。试以刘向《七略》比附之：如《仲尼弟子》《老庄申韩》《孟子荀卿》等传，于先秦学派纲罗略具，《儒林传》于秦、汉间学派渊源叙述特详，则《六艺略》《诸子略》之属也；如《司马穰苴》《孙子吴起》等传，则《兵书略》之属也；如《屈原贾生》《司马相如》等传，则《诗赋略》之属也；如《扁鹊仓公传》，则《方技略》之属也；如《龟策》《日者》两传，则《术数略》之属也。又如《货殖传》之注重社会经济，《外戚》《佞幸》两传暗示汉代政治祸机所伏，处处皆具特识。又其篇目排列，亦似有微意。如《本纪》首唐、虞，《世家》首吴泰伯，《列传》首伯夷，皆含有表章让德之意味。此等事前人多已论列，不尽穿凿附会也。

若以此项目的读《史记》，宜提高眼光，鸟瞰全书，不可徒拘拘于寻行数墨，庶几所谓"一家之言"者，可以看出。

第二，以研究古代史迹为目的而读之。《史记》既为最古之通史，欲知古代史迹，总应以之为研究基础。为此项目的而读，宜先用"观大略"的读法，将全篇一气呵成浏览一过。再用自己眼光寻出每个时代之关键要点所在，便专向几个要点有关系之事项，注意精读。如此方能钩元提要，不至泛滥无归。

第三，以研究文章技术为目的而读之。《史记》文章之价值，无论何人当不能否认，且二千年来相承诵习，其语调字法，早已形成文字常识之一部。故专为学文计，亦不能不以此书为基础。学者如以此项目的读《史记》，则宜择其尤为杰出之十数篇精读之。孰为杰作，此凭各人赏会，本难有确定标准。吾生平所最爱读者则以下各篇：

《项羽本纪》《信陵君列传》《廉颇蔺相如列传》《鲁仲连邹阳列传》《淮阴侯列传》《魏其武安侯列传》《李将军列传》《匈奴列传》《货殖列传》《太史公自序》。

右诸篇皆肃括宏深，实叙事文永远之模范。班叔皮称史公："善序事理，辩而不华，质而不俚，文质相称，良史之才。"如诸篇者，洵足当之矣。学者宜精读多次，或务成诵，自能契其神味，辞远鄙倍。至如明、清选家最乐道之《伯夷列传》《管晏列传》《屈原贾生列传》等，以吾论之，反是篇中第二等文字耳。

读《史记》法之二

今当继论专究的读法。《史记》为千古不朽之名著，本宜人人共读。徒以去今太远，文义或佶屈难晓；郡国名物等事，世嬗称易，或不审所指；加以传写讹舛，窜乱纷纭，时或使人因疑生蔑，后辈诵习渐希，盖此之由。谓宜悉心整理一番，俾此书尽人乐读。吾夙有志，未能逮也。谨述所怀条理以质当世，有好学者或独力或合作以成之，亦不朽之盛事也。

一　《史记》确有后人续补窜乱之部分，既如前述。宜略以前文所论列为标准，严密考证。凡可疑者，以朱线围之，俾勿与原本相混，庶几渐还史公之真面目。学者欲从事此种研究，可以崔适《史记探源》为主要参考书，而以自己忠实研究的结果下最后之判断。

二　吾辈之重视《史记》，实在其所纪先秦古事。因秦、汉以后事，有完备之《汉书》可读。唐虞三代春秋战国之事，有组织的著述，或未能过《史记》也。而不幸《史记》关于此点，殊不足以餍吾辈所期。后人窜乱之部分无论矣，即其确出史公手者，其所述古史可信之程度，亦远在所述汉事下。此事原不能专怪史公。因远古之史，皆含有半神话的性质，极难辨别，此各国所同，不独我国为然矣。近古——如春秋、战国，资料本尚不少，而秦焚一役，"诸侯史记"荡尽，凭藉缺如，此亦无可如何者。顾吾辈所致憾于史公，不在其搜采之不备，而在其别择之不精。善夫班叔皮之言也："迁之著作，采获古今，贯穿经传，至广博也。一人之精，文重思烦，故其书刊落不尽，尚有盈辞，多不齐一。"(《后汉书·班彪传》）试将《史记》古史之部分与现存先秦古籍相较，其中芜累诬诞之辞，盖实不少。即本书各篇互相矛盾者，亦所在而有，此非"文重思烦，刊落不尽"之明效耶？然居今日而治古史，则终不能不以《史记》为考证之聚光点。学者如诚忠于史公，谓宜将汉以前之本纪、世家、年表全部磨勘一度。从本书及他书搜集旁证反证，是正其讹谬而汰存其精粹，略用裴注《三国志》之义例，分注于各篇各段之下，庶几乎其有信史矣。学者欲从事此种研究，则梁玉绳《史记志疑》、崔述《考信录》实最重要之参考书；钱大昕《廿二史考异》、王鸣盛《十七史商榷》、赵翼《廿二史札记》三书中《史记》之部，次之；其余清儒札记、文集中，亦所在多有。然兹事既极繁重，且平决聚讼，殊大非易。成功与否，要视其人之学力及判断何如耳。然有志之青年，固不妨取书中一二篇为研究之尝试。纵令不能得满意之结果，其于治学之方法及德性，所裨已多矣。

三 《史记》之训诂名物，有非今之人所能骤解者，故注释不可少。然旧注非失之太简，即失之太繁，宜或删或补。最好以现今中学学生所难了解者为标准，别作简明之注，再加以章节句读之符号，庶使尽人能读。

四 地理为史迹筋络，而古今地名殊称，直读或不知所在。故宜编一地名检目，古今对照。

五 我国以帝王纪年，极难记忆。春秋、战国间，各国各自纪年，益复杂不易理。宜于十表之外补一大事年表，贯通全书，以西历纪，而附注该事件所属之朝代或国邑，纪年于其下。其时代则从《十二诸侯年表》以共和元年起，盖前乎此者无征也。其事件则以载于本书者为限。

以上五项，为整理《史记》方法之纲要。学者如能循此致力，则可以《史记》之学名其家，而裨益于后进者且不赀矣。至如就《史记》内容分类研究，或比较政治组织，或观察社会状态，则问题甚多，取材各异，在学者自择也。

胡适

为什么读书

　　青年会叫我在未离南方赴北方之前在这里谈谈，我很高兴，题目是"为什么要读书"。现在读书运动大会开始，青年会拣定了三个演讲题目。我看第二个题目"怎样读书"很有兴味，第三个题目"读什么书"更有兴味，第一个题目无法讲，"为什么要读书"，连小孩子都知道，讲起来很难为情，而且也讲不好。所以我今天讲这个题目，不免要侵犯其余两个题目的范围，不过我仍旧要为其余两位演讲的人留一些余地。现在我就把这个题目来试一下看。我从前也有过一次关于读书的演讲，后来我把那篇演讲录略事修改，编入三集文存里面，那篇文章题目叫做《读书》，其内容性质较近于第二个题目，诸位可以拿来参考。今天我就来试试"为什么要读书"这个题目。

从前有一位大哲学家做了一篇《读书乐》（作者实为宋真宗），说到读书的好处，他说："书中自有千钟粟，书中自有黄金屋，书中自有颜如玉。"这意思就是说，读了书可以做大官，获厚禄，可以不至于住茅草房子，可以娶得年轻的漂亮太太（台下哄笑）。诸位听了笑起来，足见诸位对于这位哲学家所说的话不十分满意，现在我就讲所以要读书的别的原因。

为什么要读书？有三点可以讲：第一，因为书是过去已经知道的知识学问和经验的一种记录，我们读书便是要接受这人类的遗产；第二，为要读书而读书，读了书便可以多读书；第三，读书可以帮助我们解决困难，应付环境，并可获得思想材料的来源。我一踏进青年会的大门，就看见许多关于读书的标语。为什么读书大概诸位看了这些标语就都已知道了，现在我就把以上三点更详细地说一说。

第一，因为书是代表人类老祖宗传给我们的知识的遗产，我们接受了这遗产，以此为基础，可以继续发扬光大，更在这基础之上，建立更高深更伟大的知识。人类之所以与别的动物不同，就是因为人有语言文字，可以把知识传给别人，又传至后人，再加以印刷术的发明，许多书报便印了出来。人的脑很大，与猴不同，人能造出语言，后来更进一步而有文字，又能刻木刻字，所以人最大的贡献就是能累积过去的知识和经验，使后人可以节省很多脑力。非洲野蛮人在山野中遇见鹿，他们就画了一个人和一只鹿以代信，给后面的人叫他们勿追。但是把知识和经验遗给儿孙有什么用处呢？这是有用处的，因为这是前人很好的教训。现在学校里各种教科书，如物理、化学、历史等等，都是根据几千年来进步的知识编纂成书的，一年、两年，或者三年教完一科。自小学，中学，而至大学毕业，这十六年所受的教育，都是代表我们老祖宗几千年来得来的知识学问和经验，所谓进化，就是叫人节省劳力。蜜蜂虽能筑巢，能发明，但传下来就只有这一点知识，没有继续去改革改良，以应付环境，没有做格外进一步的工作。人呢，达不到目的，就再去求进步，而以前人的知识学问和经验作参考。如果每样东西，要个个人从头学起，而不去利用过去的知识，那不是太麻烦了吗？所以人有了这知识的遗产，就可以自己去成家立业，就可以缩短工作，使有余力做别的事。

第二点稍复杂，就是为读书而读书，为求过去的知识而读书。不错，知识可以从书本中得来，但读书不是那么容易的一件事情，不读书不能读书，要能读书才能多读书。好比戴了眼镜，小的可以放大，模糊的可以看得清楚，远的可以变近，所以读书要戴眼镜。不读书，学问不能进去，读书没有门径，学问也不能进去。王安石对曾子固说："读经而已，则不足以知经。"所以他对于本草、内经、小说，无所不读，这样对于经才可以明白一些，所谓"致已知而后读"，读书无非扩充知识而已。我十二岁时，各种小说都看得懂，到了三十年以后，再回头看，很多不懂。讲到诗经，从前以为讲的是男女爱情、文王后妃一类的事，从前是戴了一副黑眼镜去看，现在换了一副眼镜，觉得完全不同。现在才知道诗经和民间歌谣很有关系。对于民间歌谣的研究，近来很有进步，北平有歌谣周刊，歌谣丛书，关于各地歌谣收罗很广。我们如果能把歌谣的文章，社会学，人类学，研究一下，就可以知道幼稚时代的环境和生活很有趣味，例如《诗经》里有一段说："白茅包之，有女怀春，吉士诱之。"在从前眼光看来，觉得完全讲不通，现在才知道当时野蛮人社会有一种风俗，就是男子向女子求婚，要打野兽送到女家，若不收，便是不答应。还有《诗经》里"窈窕淑女"一节，从比较民族学眼光看来，我们可以知道当时社会的人，吃饭时可以打鼓弹琴，丝毫没有受礼教的束缚。再从文法方面来观察，像《诗经》里"之子于归""黄鸟于飞""凤凰于飞"的"于"字，此外，诗经里又有几百个"维"字，这些都是有作用无意义的虚字，但以前的人却从未注意及此。所以书是越看越有意义，书越多读越能读书。再说在《墨子》一书里，差不多各种学问都有，像光学、力学、逻辑、算学、几何学上的圆和平行线，以及经济学上的购买力和货币，几乎什么都讲到了，但你要懂得光学，才能懂得墨子所说的光，你要懂得各种知识，才能懂得墨子。总之，读书是为了要读书，多读书更可以读书。最大的毛病就在怕读书，怕书难读。越难读的书我们越要征服它们，把它们作为我们的奴隶或向导。我们要打倒难读，这才是我们的"读书乐"，若是我们有了基础的科学知识，那么，我们在读书时便能左右逢源。我再说一遍，读书的目的在于读书，要读书越多才可以读书越多。

第三点，读书可以帮助解决困难，应付环境，供给思想材料，知识是思想材料的来源。思想可分作五步，思想的起源是大的疑问。吃饭拉屎不用想，但逢着三岔路口，十字街头那样的环境，就发生困难了。走东或是走西，这样做或是那样做，困难很多。病有各样的病，发烧，头痛，多得很。第二步要把问题弄清，困难弄清。第三步才想到如何解决。读书就是出主意，暗示，但主意很多，于是又逢着困难。主意多少要看学问多少，都采用也不行。第四步就是要选择一个假定的解决方法。要想到这一个方法能不能解决，若不能，那么，就换了一个，若能就行了。这好比开锁，这一个钥匙开不出就换了一个，假定是可以开的，那么，问题就解决了。第五步就是试验。凡是有条理的思想都要经过这五步，或是逃不了这五个阶段。科学家要解决问题，侦探要侦探案件，多经过这五步。第三步主意或暗示很多，若无主意，便无办法，没有主意，便不知道怎样办，这是因为知识不够，学力不足，经验不丰富，从来没有想到，所以到要解决问题时便没有材料。读书是过去知识学问经验的记录，而知识学问经验就是要用在这时候，所谓养军千日，用兵一朝。否则，学问一些都没有，遇到困难就要糊涂起来。例如达尔文把生物变迁现象研究了几十年，却想不出什么原则去解决，后来无意中看到马尔萨斯的《人口论》，说人口是按照几何学级数一倍一倍地增加，粮食是按照数学级数增加，达尔文研究了这原则，忽然触机，就把这原则应用到生物学上去，创了物竞天择的学说。譬如一条鱼可以产生二百万鱼子，这样，太平洋应该占满了，然而大鱼要吃小鱼，更大的鱼要吃大鱼，所以生物要适应环境才能生存。但按照经济学原则，达尔文主义是很没有条理的，而我们读书就是要解决这个困难。又譬如从前的人以为地球是世界的中心，后来天文学家哥白尼却主张太阳是世界的中心，地球绕着太阳而行。据罗素说，哥白尼所以这样的解说，是因为希腊人已经讲过这句话，哥白尼想到了这句话可以解决这问题，便采用了。假使希腊没有这句话，在六十几年之后恐怕没有人敢说这句话吧。

　　这就是读书的好处。像这样当初逢着困难后来得到解决的事很多，单说我个人就有许多。在我的书房里有一部小说叫作《醒世姻缘》，是西

大胆的假设，
小心的求證。
适

有一分證據，
说一分话
胡适

胡适书法

周生所著，自然用的是假名字，这是 17、18 世纪间的出品，印好在家藏了六年。这部小说讲到婚姻问题，其内容是这样：有个好老婆，不知何故，后来忽然变坏，作者没有提及解决方法，也没有想到可以离婚，只说是前世作孽，因为在前世男虐待女，女就投生换样子，压迫者变为被压迫者。这种前世作孽，起先相爱，后来忽变的故事，我仿佛什么地方看见过，后来在《聊斋》一书中见到一篇和这相类似的笔记，也是说到一个女子，起先怎样爱着她的丈夫，后来怎样变为凶太太，便想到这部小说大约是蒲留仙或是蒲留仙的朋友做的。去年我看到一本杂志，也说是蒲留仙做的，不过没有证据。今年我在北平，才找到了证据。这一件事可以解释刚才我所说的第二点，就是读书是为了要读书而读书，同时也可以解释第三点，就是读书可以供给出主意的来源。当初若是没有主意，到了逢着困难时便要手足无措，所以读书可以解决问题，就是军事、政治、财政、思想等问题，也都可以解决，这就是读书的用处。我有一位朋友，有一次傍着洋灯看小说，洋灯装有油，但是不亮，因为灯芯短了。于是他想到《伊索寓言》里有一篇故事，说是一只老鸦要喝瓶中的水，因为瓶太小，得不到水，它就衔石投瓶中，水乃上来。这位朋友是懂得化学的，加水于灯中恐怕不亮，于是投以铜元，油乃碰到灯芯。这是看《伊索寓言》看小说给他的帮助。读书好像用兵，养兵求其能用，否则即使有十万、二十万的大兵也没有用处，有的时候还要兵变呢。至于"读什么书"，下次陈中凡先生要讲演，今天我也附带地讲一讲。我从五岁起到了四十岁，读了三十五年的书。究竟有几部书应该读，我也曾经想过。其中有条理有系统的书可以说是还没有两三部，至于精心结构之作，二千五百年以来恐怕只有半打。譬如《老子》这部书，今天说一句"道可道"，明天又说一句"非常道"，没有一些系统。"集"是杂货店，"史"和"子"还是杂货店。至于《诗经》《礼记》《易经》也只有一点形式，讲到内容，可以说没有一些东西可以给我们改进道德增进知识的帮助的。中国书不够读乐趣，我们要另开生路，辟殖民地。读书要读到有乐而无苦。能做到这地步，书中便有无穷。希望大家不要怕读书，起初的确要查阅字典，但假使能下一年苦功，能把所读的书的内容句句分析清楚，这样的继续不断做去，那么，在一二年中定可开辟一个乐园，还只怕求知的欲望太大，来不及读呢。我总算是老大哥，今天我就根据我过去三十五年读书的经验，给你们这一个临别的忠告。

(1930 年 11 月下旬在上海青年会的演讲词，原载1930 年 12 月—1931 年 2 月《现代学生》第 1 卷第 3、5 期)

读　书

"读书"这个题，似乎很平常，也很容易。然而我却觉得这个题目很不好讲。据我所知，"读书"可以有三种说法：

（一）要读何书。

关于这个问题，《京报副刊》上已经登了许多时候的"青年必读书"；但是这个问题，殊不易解决，因为个人的见解不同，个性不同。各人所选只能代表各人的嗜好，没有多大的标准作用。所以我不讲这一类的问题。

（二）读书的功用。

从前有人作《读书乐》，说什么"书中自有千钟粟，书中自有黄金屋，书中自有颜如玉"，现在我们不说这些话了。要说，读书是求智识，智识就是权力。这些话都是大家会说的，所以我也不必讲。

（三）读书的方法。

我今天是要想根据个人经验，同诸位谈谈读书的方法。我的第一句话是很平常的，就是说，读书有两个要素：第一要精，第二要博。

现在先说什么叫"精"。

我们小的时候读书，差不多每个小孩都有一条书签，上面写十个字，这十个字最普遍的就是"读书三到：眼到，口到，心到"。现在这种书签虽不用，三到的读书法却依然存在。不过我以为读书三到是不够的，须有四到，是"眼到，口到，心到，手到"。我就拿它来说一说。

眼到是要个个字认得，不可随便放过。这句话起初看去似乎很容易，其实很不容易。读中国书时，每个字的一笔一画都不放过。近人费许多功夫在校勘学上，都因古人忽略一笔一画而已。读外国书要把 ABCD 等字母弄得清清楚楚。所以说这是很难的。如有人翻译英文，把 port 看作 pork，把 oats 看作 oaks，于是葡萄酒一变而为猪肉，小草变成了大树。说起来这种例子很多，这都是眼睛不精细的结果。书是文字做成的，不肯仔细认字，就不必读书。眼到对于读书的关系很大，一时眼不到，贻害很大，并且眼到能养成好习惯，养成不苟且的人格。

口到是一句一句要念出来。前人说口到是要念到烂熟背得出来。我们现在虽不提倡背书，但有几类的书，仍旧有熟读的必要：如心爱的诗歌，如精彩的文章，熟读多些，于自己的作品上也有良好的影响。读此外的书，虽不须念熟，也要一句一句念出来，中国书如此，外国书更要如此，念书的功用能使我们格外明了每一句的构造，句中各部分的关系。往往一遍念不通，要念两遍以上，方才能明白的。读好的小说尚且要如此，何况读关于思想学问的书呢？

心到是每章每句每字意义如何？何以如是？这

样用心考究。但是用心不是叫人枯坐冥想,是要靠外面的设备及思想的方法的帮助。要做到这一点,须要有几个条件:

(一)字典、辞典、参考书等等工具要完备。这几样工具虽不能办到,也当到图书馆去看。我个人的意见是奉劝大家,当衣服,卖田地,至少要置备一点好的工具。比如买一本《韦氏大字典》,胜于请几个先生。这种先生终身跟着你,终身享受不尽。

(二)要作文法上的分析。用文法的知识,作文法上的分析,要懂得文法构造,方才懂得它的意义。

(三)有时要比较参考,有时要融会贯通,方能了解。不可单看字面。一个字往往有许多意义,读者容易上当。

例如 turn 这字:

作外动字解有十五解,

作内动字解有十三解,

作名词解有二十六解，

共五十四解，而成语不算。

又如 strike：

作外动字解有三十一解，

作内动字解有十六解，

作名词解有十八解，

共六十五解。

又如 go 字最容易了，然而这个字：

作内动字解有二十二解，

作外动字解有三解，

作名词解有九解，

共三十四解。

以上是英文字须要加以考究的例子。英文字典是完备的；但是某一字在某一句究竟用第几个意义呢？这就非比较上下文，或贯串全篇，不能懂了。

中文较英文更难，现在举几个例：

祭文中第一句"维某年月日"之"维"字，究作何解？字典上说它是虚字。《诗经》里"维"字有二百多，必须细细比较研究，然后知道这个字有种种意义。

又《诗经》之"于"字，"之子于归""凤凰于飞"等句，"于"字究作何解？非仔细考究是不懂的。又"言"字人人知道，但在《诗经》中就发生问题，必须比较，然后知"言"字为联接字。诸如此例甚多。中国古书很难读，古字典又不适用，非是用比较归纳的研究方法，我们如何懂得呢？

总之，读书要会疑，忽略过去，不会有问题，便没有进益。

宋儒张载说："读书先要会疑。于不疑处有疑，方是进矣。"他又说："在可疑而不疑者，不曾学。学则须疑。"又说："学贵心悟，守旧无功。"

宋儒程颐说："学原于思。"

这样看起来，读书要求心到；不要怕疑难，只怕没有疑难。工具要完备，思想要精密，就不怕疑难了。

现在要说手到。手到就是要劳动劳动你的贵

手。读书单靠眼到、口到、心到，还不够的；必须还得自己动动手，才有所得。例如：

（1）标点分段，是要动手的。

（2）翻查字典及参考书，是要动手的。

（3）作读书札记，是要动手的。

札记又可分四类：

（a）抄录备忘。

（b）作提要、节要。

（c）自己记录心得。张载说："心中苟有所开，即便札记，不则还塞之矣。"

（d）参考诸书，融会贯通，作有系统的著作。

手到的功用。我常说：发表是吸收智识和思想的绝妙方法。吸收进来的智识思想，无论是看书来的，或是听讲来的，都只是模糊零碎，都算不得我们自己的东西。自己必须做一番手脚，或作提要，或作说明，或作讨论，自己重新组织过、申述过、用自己的语言记述过，——那种智识思想方才可算是你自己的了。

我可以举一个例。你也会说"进化"，他也会谈"进化"，但你对于"进化"这个观念的见解未必是很正确的，未必是很清楚的；也许只是一种"道听途说"，也许只是一种时髦的口号。这种知识算不得知识，更算不得是"你的"知识。假使你听了我这句话，不服气，今晚回去就去遍翻各种书籍，仔细研究进化论的科学上的根据；假使你翻了几天书之后，发愤动手，把你研究所得写成一篇读书札记；假使你真动手写了这么一篇"我为什么相信进化论？"的札记，列举了：

（一）生物学上的证据；

（二）比较解剖学上的证据；

（三）比较胚胎学上的证据；

（四）地质学和古生物学上的证据；

（五）考古学上的证据；

（六）社会学和人类学上的证据。

到这个时候，你所有关于"进化论"的知识，经过了一番组织安排，经过了自己的去取叙述，这时候这些知识方才可算是你自己的了。所以我说，发表是吸收的利器；又可以说，手到是心到的法门。

至于动手标点，动手翻字典，动手查书，都是极要紧的读书秘诀，诸位千万不要轻轻放过。内中自己动手翻书一项尤为要紧。我记得前几年我曾劝顾颉刚先生标点姚际恒的《古今伪书考》。当初我知道他的生活困难，希望他标点一部书付印，卖几个钱。那部书是很薄的一本，我以为他一两个星期就可以标点完了。哪知顾先生一去半年，还不曾交卷。原来他于每条引的书，都去翻查原书，仔细校对，注明出处，注明原书卷第，注明删节之处。他动手半年之后，来对我说，《古今伪书考》不必付印了，他现在要编辑一部疑古的丛书，叫做"辨伪丛刊"。我很赞成他这个计划，让他去动手。他动手了一两年之后，更进步了，又超过那"辨伪丛刊"的计划了，他要自己创作了。他前年以来，对于中国古史，做了许多辨伪的文字；他眼前的成绩

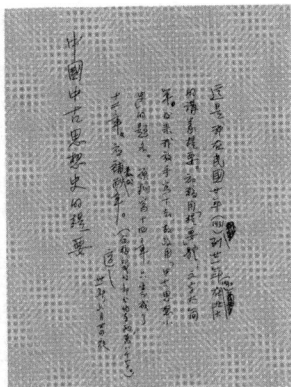

上左：1919年2月《中国哲学史大纲》（卷上）由上海商务印书馆出版。

上右：1931年《中国中古思想小史》由北京大学出版部出版，这是1942年6月24日胡适在书前留下的一段批语。

下左：1931年12月《淮南王书》由上海新月书店出版。

下右：1970年《中国中古思想史长编》由胡适纪念馆首次影印刊行。

早已超过崔述了，更不要说姚际恒了。顾先生将来在中国史学界的贡献一定不可限量，但我们要知道他成功的最大原因是他的手到的工夫勤而且精。我们可以说，没有动手不勤快而能读书的，没有手不到而能成学者的。

第二要讲什么叫"博"。

什么书都要读，就是博。古人说，"开卷有益"，我也主张这个意思，所以说读书第一要精，第二要博。我们主张"博"有两个意思：

第一，为预备参考资料计，不可不博。

第二，为做一个有用的人计，不可不博。

第一，为预备参考资料计。

在座的人，大多数是戴眼镜的。诸位为什么要戴眼镜？岂不是因为戴了眼镜，从前看不见的，现在看得见了；从前很小的，现在看得很大了；从前看不分明的，现在看得清楚分明了？王荆公说得最好：

> 世之不见全经久矣。读经而已，则不足

以知经。故某自百家诸子之书，至于《难经》《素问》《本草》诸小说，无所不读；农夫女工，无所不问；然后于经为能知其大体而无疑。盖后世学者与先王之时异矣；不如是，不足以尽圣人故也。……致其知而后读，以有所去取，故异学不能乱也。惟其不能乱，故能有所去取者，所以明吾道而已。(《答曾子固》)

他说："致其知而后读。"又说："读经而已，则不足以知经。"即如《墨子》一书在一百年前，清朝的学者懂得此书还不多。到了近来，有人知道光学、几何学、力学、工程学等，一看《墨子》，才知道其中有许多部分是必须用这些科学的知识方才能懂的。后来有人知道了伦理学、心理学等，懂得《墨子》更多了。读别种书愈多，《墨子》愈懂得多。

所以我们也说，"读一书而已，则不足以知一书。"多读书，然后可以专读一书。譬如读《诗经》，你若先读了北大出版的《歌谣周刊》，便觉得

《诗经》好懂得多了；你若先读过社会学、人类学，你懂得更多了；你若先读过文字学、古音韵学，你懂得更多了；你若读过考古学、比较宗教学等，你懂得的更多了。

你要想读佛家唯识宗的书吗？最好多读点伦理学、心理学、比较宗教学、变态心理学。无论读什么书总要多配几副好眼镜。

你们记得达尔文研究生物进化的故事吗？达尔文研究生物演变的现状，前后凡三十多年，积了无数材料，想不出一个简单贯串的说明。有一天他无意中读马尔萨斯的人口论，忽然大悟生存竞争的原则，于是得着物竞天择的道理，遂成一部破天荒的名著，给后世思想界打开一个新纪元。

所以要博学者，只是要加添参考的材料，要使我们读书时容易得"暗示"；遇着疑难时，东一个暗示，西一个暗示，就不至于呆读死书了。这叫做"致其知而后读"。

第二，为做人计。

专工一技一艺的人，只知一样，除此之外，一无所知。这一类的人，影响于社会很少。好有一比，比一根旗杆，只是一根孤拐，孤单可怜。

又有些人广泛博览，而一无所专长，虽可以到处受一班贱人的欢迎，其实也是一种废物。这一类人，也好有一比，比一张很大的薄纸，禁不起风吹雨打。

在社会上，这两种人都是没有什么大影响，为个人计，也很少乐趣。

理想中的学者，既能博大，又能精深。精深的方面，是他的专门学问。博大的方面，是他的旁搜博览。博大要几乎无所不知，精深要几乎唯他独尊，无人能及。他用他的专门学问做中心，次及于直接相关的各种学问，次及于间接相关的各种学问，次及于不很相关的各种学问，以次及毫不相关的各种泛览。这样的学者，也有一比，比埃及的金字三角塔。那金字塔高四百八十英尺，底边各边长七百六十四英尺。塔的最高度代表最精深的专门学问；从此点依次递减，代表那旁搜博览的各种相关或不相关的学问。塔底的面积代表博大的范围，精深的造诣，博大的同情心。这样的人，对社会是极有用的人才，对自己也能充分享受人生的趣味。宋儒程颢说得好：

> 须是大其心使开阔：譬如为九层之台，须大做脚始得。

博学正所以"大其心使开阔"。我曾把这番意思编成两句粗浅的口号，现在拿出来贡献给诸位朋友，作为读者的目标：

> 为学要如金字塔，
> 要能广大要能高。

读书的习惯重于方法

读书会进行的步骤，也可以说是采取的方式大概不外三种：

第一种是大家共同选定一本书来读，然后互相交换自己的心得及感想。

第二种是由下往上的自动方式，就是先由会员共同选定某一个专题，限定范围，再由指导者按此范围拟定详细节目，指定参考书籍。每人须于一定期限内作成报告。

第三种是先由导师拟定许多题目，再由各会员任意选定。研究完毕后写成报告。

至于读书的方法我已经讲了十多年，不过在目前我觉到读书全凭先养成好读书的习惯。读书无捷径，是没有什么简便省力的方法可言的。读书的习

不是怕风吹雨打
不是羡那些烛照香重，
只喜欢那折花的人，
高兴和伊亲近
当一封没有字的书信。
寄与伊心上的人
劳伊亲手收存
花瓣儿纷纷落了
五五年作瓶花诗 適之·

上：1920年3月《尝试集》由上海亚东图书馆出版。
下：胡适写此诗时正与曹诚英热恋

惯可分为三点：一是勤，二是慎，三是谦。

勤苦耐劳是成功的基础，做学问更不能欺己欺人，所以非勤不可。其次谨慎小心也是很重要的，清代的汉学家著名的如高邮王氏父子、段茂堂等的成功，都是遇事不肯轻易放过，旁人看不见的自己便可看见了。如今的放大几千万倍的显微镜，也不过想把从前看不见的东西现在都看见罢了。谦就是态度的谦虚，自己万不可先存一点成见，总要不分地域门户，一概虚心地加以考察后，再决定取舍。这三点都是很要紧的。

其次还有个买书的习惯也是必要的，闲时可多往书摊上逛逛，无论什么书都要去摸一摸，你的兴趣就是凭你伸手乱摸后才知道的。图书馆里虽有许多的书供你参考，然而这是不够的。因为你想往上圈画一下都不能，更不能随便地批写。所以至少像对于自己所学的有关的几本必备书籍，无论如何，就是少买一双皮鞋，这些书是非买不可的。

青年人要读书，不必先谈方法，要紧的是先养成好读书、好买书的习惯。

蔡元培

我的读书经验

　　我自十余岁起，就开始读书，读到现在，将满六十年了，中间除大病或其他特别原因外，几乎没有一日不读点书的，然而我没有什么成就，这是读书不得法的缘故。我把不得法的概略写出来，可以作前车之鉴。

　　我的不得法，第一是不能专心。我初读书的时候，读的都是旧书，不外乎考据、辞章两类。我的嗜好，在考据方面，是偏于诂训及哲理的，对于典章名物，是不大耐烦的；在辞章上，是偏于散文的，对于骈文及诗词，是不大热心的。然而以一物不知为耻，种种都读，并且算学书也读，医学书也读，都没有读通。所以我曾经想编一部说文声系义证，又想编一本公羊春秋大义，都没有成书。所为

蔡元培考进士的朝考卷

文辞，不但骈文诗词，没有一首可存的，就是散文也太平凡了。到了四十岁以后我开始学德文，后来又学法文，我都没有好好儿做那记生字、练文法的苦工，而就是生吞活剥地看书，所以至今不能写一篇合格的文章，作一回短期的演说。在德国进大学听讲以后，哲学史、文学史、文明史、心理学、美学、美术史、民族学，统统去听，那时候，这几类的参考书，也就乱读起来了。后来虽勉自收缩，以美学与美术史为主，辅以民族学；然而他类的书终不能割爱，所以想译一本美学，想编一部比较的民族学，也都没有成书。

我的不得法，第二是不能勤笔。我的读书，本来抱一种利己主义，就是书里面的短处，我不大去搜寻它，我只注意于我所认为有用的或可爱的材料。这本来不算坏，但是我的坏处，就是我虽读的时候注意于这几点，但往往为速读起见，无暇把这几点摘抄出来，或在书上做一点特别的记号。若是有时候想起来，除了德文书检目特详，尚易检寻外，其他的书，几乎不容易寻到了。我国现在有人编"索引""引得"等。又专门的辞典，也逐渐增加，寻检较易，但各人有各自的注意点，普通的检目，断不能如自己记别的方便。我尝见胡适之先生有一个时期，出门时常常携一两本线装书，在舟车上或其他忙里偷闲时翻阅，见到有用的材料，就折角或以铅笔做记号。我想他回家后或者尚有摘抄的手续。我记得有一部笔记，说王渔洋读书时，遇有新隽的典故或词句，就用纸条抄出，贴在书斋壁上，时时览读，熟了就揭去，换上新得的，所以他记得很多。这虽是文学上的把戏，但科学上何尝不可以仿作呢？我因从来懒得动笔，所以没有成就。

我的读书的短处，我已经经验了许多的不方便，特地写出来，望读者鉴于我的短处，第一能专心，第二能勤笔，这一定有许多成效。

据《文化建设》第一卷第七期（1935年4月出版）

鲁迅

读书杂谈

因为知用中学的先生们希望我来演讲一回，所以今天到这里和诸君相见。不过我也没有什么东西可讲。忽而想到学校是读书的所在，就随便谈谈读书。是我个人的意见，姑且供诸君的参考，其实也算不得什么演讲。

说到读书，似乎是很明白的事，只要拿书来读就是了，但是并不这样简单。至少，就有两种：一是职业的读书，一是嗜好的读书。所谓职业的读书者，譬如学生因为升学，教员因为要讲功课，不翻翻书，就有些危险的就是。我想在坐的诸君之中一定有些这样的经验，有的不喜欢算学，有的不喜欢博物，然而不得不学，否则，不能毕业，不能升学，和将来的生计便有妨碍了。我自己也这样，因为做教员，有时即非看不喜欢看的书不可，要不这样，怕不久便会于饭碗有妨。我们习惯了，一说起读书，就觉得是高尚的事情，其实这样的读书，和木匠的磨斧头，裁缝的理针线并没有什么分别，并不见得高尚，有时还很苦痛，很可怜。你爱做的事，偏不给你做，你不爱做的，倒非做不可。这是由于职业和嗜好不能合一而来的。倘能够大家去做爱做的事，而仍然各有饭吃，那是多么幸福。但现在的社会上还做不到，所以读书的人们的最大部分，大概是勉勉强强的，带着苦痛的为职业的读书。

现在再讲嗜好的读书罢。那是出于自愿，全不勉强，离开了利害关系的。——我想，嗜好的读书，该如爱打牌的一样，天天打，夜夜打，连续的去打，有时被公安局捉去了，放出来之后还是打。诸君要知道真打牌的人的目的并不在赢钱，而在有趣。牌有怎样的有趣呢，我是外行，不大明白。但听得爱赌的人说，它妙在一张一张的摸起来，永远变化无穷。我想，凡嗜好的读书，能够手不释卷的原因也就是这样。他在每一叶每一叶里，都得着深厚的趣味。自然，也可以扩大精神，增加智识的，但这些倒都不计及，一计及，便等于意在赢钱的博徒了，这在博徒之中，也算是下品。

不过我的意思，并非说诸君应该都退了学，去看自己喜欢看的书去，这样的时候还没有到来；也许终于不会到，至多，将来可以设法使人们对于非做不可的事发生较多的兴味罢了。我现在是说，爱看书的青年，大可以看看本分以外的书，即课外的书，不要只将课内的书抱住。但请不要误解，我并非说，譬如在国文讲堂上，应该在抽屉里暗看《红楼梦》之类；乃是说，应做的功课已完而有余暇，大可以看看各样的书，即使和本业毫不相干的，也要泛览。譬如学理科的，偏看看文学书，学文学的，偏看看科学书，看看别个在那里研究的，究竟是怎么一回事。这样子，对于别人，别事，可以有更深的了解。现在中国有一个大毛病，就是人们大概以为自己所学的一门是最好，最妙，最要紧的学问，而别的都无用，都不足道的，弄这些不足道的东西的人，将来该当饿死。其实是，世界还没有如此简单，学问都各有用处，要定什么是头等还很难。也幸而有各式各样的人，假如世界上全是文学家，到处所讲的不是"文学的分类"便是"诗之构造"，那倒反而无聊得很了。

不过以上所说的，是附带而得的效果，嗜好的读书，本人自然并不计及那些，就如游公园似的，随随便便去，因为随随便便，所以不吃力，因为不吃力，所以会觉得有趣。如果一本书拿到手，就满心想道，"我在读书了！""我在用功了！"那就容易疲劳，因而减掉兴味，或者变成苦事了。

我看现在的青年，为兴味的读书的是有的，我也常常遇到各样的询问。此刻就将我所想到的说一点，但是只限于文学方面，因为我不明白其他的。

第一，是往往分不清文学和文章。甚至于已经来动手做批评文章的，也免不了这毛病。其实粗粗的说，这是容易分别的。研究文章的历史或理论的，是文学家，是学者；做做诗，或戏曲小说的，是做文章的人，就是古时候所谓文人，此刻所谓创作家。创作家不妨毫不理会文学史或理论，文学家也不妨做不出一句诗。然而中国社会上还很误解，你做几篇小说，便以为你一定懂得小说概论，做几句新诗，就要你讲诗之原理。我也尝见想做小说的青年，先买小说法程和文学史来看。据我看来，是即使将这些书看烂了，和创作也没有什么关系的。

　　事实上，现在有几个做文章的人，有时也确去做教授。但这是因为中国创作不值钱，养不活自己的缘故。听说美国小名家的一篇中篇小说，时价是二千美金；中国呢，别人我不知道，我自己的短篇寄给大书铺，每篇卖过二十元。当然要寻别的事，例如教书，讲文学。研究是要用理智，要冷静的，而创作须情感，至少总得发点热，于是忽冷忽热，弄得头昏，——这也是职业和嗜好不能合一的苦处。苦倒也罢了，结果还是什么都弄不好。那证据，是试翻世界文学史，那里面的人，几乎没有兼做教授的。

还有一种坏处，是一做教员，未免有顾忌；教授有教授的架子，不能畅所欲言。这或者有人要反驳：那么，你畅所欲言就是了，何必如此小心。然而这是事前的风凉话，一到有事，不知不觉地他也要从众来攻击的。而教授自身，纵使自以为怎样放达，下意识里总不免有架子在。所以在外国，称为"教授小说"的东西倒并不少，但是不大有人说好，至少，是总难免有令人发烦的炫学的地方。

所以我想，研究文学是一件事，做文章又是一件事。

第二，我常被询问：要弄文学，应该看什么书？这实在是一个极难回答的问题。先前也曾有几位先生给青年开过一大篇书目。但从我看来，这是没有什么用处的，因为我觉得那都是开书目的先生自己想要看或者未必想要看的书目。我以为倘要弄旧的呢，倒不如姑且靠着张之洞的《书目答问》去摸门径去。倘是新的，研究文学，则自己先看看各种的小本子，如本间久雄的《新文学概论》，厨川白村的《苦闷的象征》，瓦浪斯基们的《苏俄的文艺论战》之类，然后自己再想想，再博览下去。因为文学的理论不像算学，二二一定得四，所以议论很纷歧。如第三种，便是俄国的两派的争论，——我附带说一句，近来听说连俄国的小说也不大有人看了，似乎一看见"俄"字就吃惊，其实苏俄的新创作何尝有人绍介，此刻译出的几本，都是革命前的作品，作者在那边都已经被看作反革命的了。倘要看看文艺作品呢，则先看几种名家的选本，从中觉得谁的作品自己最爱看，然后再看这一个作者的专集，然后再从文学史上看看他在史上的位置；倘要知道得更详细，就看一两本这人的传记，那便可以大略了解了。如果专是请教别人，则各人的嗜好不同，总是格不相入的。

第三，说几句关于批评的事。现在因为出版物太多了，——其实有什么呢，而读者因为不胜其纷

鲁迅《自嘲》手迹

纭，便渴望批评，于是批评家也便应运而起。批评
这东西，对于读者，至少对于和这批评家趣旨相近
的读者，是有用的。但中国现在，似乎应该暂作别
论。往往有人误以为批评家对于创作是操生杀之
权，占文坛的最高位的，就忽而变成批评家；他的
灵魂上挂了刀。但是怕自己的立论不周密，便主张
主观，有时怕自己的观察别人不看重，又主张客
观；有时说自己的作文的根柢全是同情，有时将校
对者骂得一文不值。凡中国的批评文字，我总是越

看越胡涂，如果当真，就要无路可走。印度人是早知道的，有一个很普通的比喻。他们说：一个老翁和一个孩子用一匹驴子驮着货物去出卖，货卖去了，孩子骑驴回来，老翁跟着走。但路人责备他了，说是不晓事，叫老年人徒步。他们便换了一个地位，而旁人又说老人忍心；老人忙将孩子抱到鞍鞯上，后来看见的人却说他们残酷；于是都下来，走了不久，可又有人笑他们了，说他们是呆子，空着现成的驴子却不骑。于是老人对孩子叹息道，我们只剩了一个办法了，是我们两人抬着驴子走。无论读，无论做，倘若旁征博访，结果是往往会弄到抬驴子走的。

不过我并非要大家不看批评，不过说看了之后，仍要看看本书，自己思索，自己做主。看别的书也一样，仍要自己思索，自己观察。倘只看书，便变成书厨，即使自己觉得有趣，而那趣味其实是已在逐渐硬化，逐渐死去了。我先前反对青年躲进研究室，也就是这意思，至今有些学者，还将这话算作我的一条罪状哩。

听说英国的培那特萧（Bernard Shaw，即萧伯纳），有过这样意思的话：世间最不行的是读书者。因为他只能看别人的思想艺术，不用自己。这也就是勖本华尔（Schopenhauer，即叔本华）之所谓脑子里给别人跑马。较好的是思索者。因为能用自己的生活力了，但还不免是空想，所以更好的是观察者，他用自己的眼睛去读世间这一部活书。

这是的确的，实地经验总比看，听，空想确凿。我先前吃过干荔枝，罐头荔枝，陈年荔枝，并且由这些推想过新鲜的好荔枝。这回吃过了，和我所猜想的不同，非到广东来吃就永不会知道。但我对于萧的所说，还要加一点骑墙的议论。萧是爱尔兰人，立论也不免有些偏激的。我以为假如从广东乡下找一个没有历练的人，叫他从上海到北京或者什么地方，然后问他观察所得，我恐怕是很有限的，因为他没有练习过观察力。所以要观察，还是先要经过思索和读书。

总之，我的意思是很简单的：我们自动的读书，即嗜好的读书，请教别人是大抵无用，只好先行泛览，然后决择而入于自己所爱的较专的一门或几门；但专读书也有弊病，所以必须和实社会接触，使所读的书活起来。

（本篇记录稿经作者校阅后最初发表于一九二七年八月十八、十九、二十二日广州《民国日报》副刊《现代青年》第一七九、一八○、一八一期，后重刊于一九二七年九月十六日《北新》周刊第四十七、四十八期合刊。）

读几本书

读死书会变成书呆子，甚至于成为书厨，早有人反对过了，时光不绝的进行，反读书的思潮也愈加彻底，于是有人来反对读任何一种书。他的根据是叔本华的老话，说是倘读别人的著作，不过是在自己的脑里给作者跑马。

这对于读死书的人们，确是一下当头棒，但为了与其探究，不如跳舞，或者空暴躁，瞎牢骚的天才起见，却也是一句值得绍介的金言。不过要明白：死抱住这句金言的天才，他的脑里却正被叔本华跑了一趟马，踏得一塌胡涂了。

现在是批评家在发牢骚，因为没有较好的作品；创作家也在发牢骚，因为没有正确的批评。张三说李四的作品是象征主义，于是李四也自以为是象征

鲁迅与萧伯纳等合影（1933年）

主义，读者当然更以为是象征主义。然而怎样是象征主义呢？向来就没有弄分明，只好就用李四的作品为证。所以中国之所谓象征主义，和别国之所谓Symbolism是不一样的，虽然前者其实是后者的译语，然而听说梅特林是象征派的作家，于是李四就成为中国的梅特林了。此外中国的法朗士，中国的白璧德，中国的吉尔波丁，中国的高尔基……还多得很。然而真的法朗士他们的作品的译本，在中国却少得很。莫非因为都有了"国货"的缘故吗？

在中国的文坛上，有几个国货文人的寿命也真太长；而洋货文人的可也真太短，姓名刚刚记熟，据说是已经过去了。易卜生大有出全集之意，但至今不见第三本；柴霍甫和莫泊桑的选集，也似乎走了虎头蛇尾运。但在我们所深恶痛疾的日本，《吉诃德先生》和《一千一夜》是有全译的；沙士比亚，歌德，……都有全集；托尔斯泰的有三种，陀思妥也夫斯基的有两种。

读死书是害己，一开口就害人；但不读书也并不见得好。至少，譬如要批评托尔斯泰，则他的作品是必得看几本的。自然，现在是国难时期，那有工夫译这些书，看这些书呢，但我所提议的是向着只在暴躁和牢骚的大人物，并非对于正在赴难或"卧薪尝胆"的英雄。因为有些人物，是即使不读书，也不过玩着，并不去赴难的。

（本篇最初发表于一九三四年五月十八日《申报·自由谈》）

随便翻翻

我想讲一点我的当作消闲的读书——随便翻翻。但如果弄得不好，会受害也说不定的。

我最初去读书的地方是私塾，第一本读的是《鉴略》，桌上除了这一本书和习字的描红格，对字（这是做诗的准备）的课本之外，不许有别的书。但后来竟也慢慢的认识字了，一认识字，对于书就发生了兴趣，家里原有两三箱破烂书，于是翻来翻去，大目的是找图画看，后来也看看文字。这样就成了习惯，书在手头，不管它是什么，总要拿来翻一下，或者看一遍序目，或者读几叶内容，到得现在，还是如此，不用心，不费力，往往在作文或看非看不可的书籍之后，觉得疲劳的时候，也拿这玩意来作消遣了，而且它也的确能够恢复疲劳。

鲁迅《哀范君三章》手稿

倘要骗人，这方法很可以冒充博雅。现在有一些老实人，和我闲谈之后，常说我书是看得很多的，略谈一下，我也的确好像书看得很多，殊不知就为了常常随手翻翻的缘故，却并没有本本细看。还有一种很容易到手的秘本，是《四库书目提要》，倘还怕繁，那么，《简明目录》也可以，这可要细看，它能做成你好像看过许多书。不过我也曾用过正经工夫，如什么"国学"之类，请过先生指教，留心过学者所开的参考书目。结果都不满意。有些书目开得太多，要十来年才能看完，我还疑心他自己就没有看；只开几部的较好，可是这须看这位开书目的先生了，如果他是一位胡涂虫，那么，开出来的几部一定也是极顶胡涂书，不看还好，一看就胡涂。

我并不是说，天下没有指导后学看书的先生，有是有的，不过很难得。

这里只说我消闲的看书——有些正经人是反对的，以为这么一来，就"杂"！"杂"，现在又算是很坏的形容词。但我以为也有好处。譬如我们看一家的陈年账簿，每天写着"豆付三文，青菜十文，鱼五十文，酱油一文"，就知先前这几个钱就可买一天的小菜，吃够一家；看一本旧历本，写着"不宜出行，不宜沐浴，不宜上梁"，就知道先前是有这么多的禁忌。看见了宋人笔记里的"食菜事魔"，明人笔记里的"十彪五虎"，就知道"哦呵，原来'古已有之'。"但看完一部书，都是些那时的名人轶事，某将军每餐要吃三十八碗饭，某先生体重一百七十五斤半；或是奇闻怪事，某村雷劈蜈蚣精，某妇产生人面蛇，毫无益处的也有。这时可得自己有主意了，知道这是帮闲文士所做的书。凡帮闲，他能令人消闲消得最坏，他用的是最坏的方法。倘不小心，被他诱过去，那就坠入陷阱，后来满脑子是某将军的饭量，某先生的体重，蜈蚣精和人面蛇了。

讲扶乩的书，讲婊子的书，倘有机会遇见，不要皱起眉头，显示憎厌之状，也可以翻一翻；明知道和自己意见相反的书，已经过时的书，也用一样的办法。例如杨光先的《不得已》是清初的著作，但看起来，他的思想是活着的，现在意见和他相近的人们正多得很。这也有一点危险，也就是怕被它诱过去。治法是多翻，翻来翻去，一多翻，就有比较，比较是医治受骗的好方子。乡下人常常误认一种硫化铜为金矿，空口是和他说不明白的，或者他还会赶紧藏起来，疑心你要白骗他的宝贝。但如果遇到一点真的金矿，只要用手掂一掂轻重，他就死心塌地：明白了。

"随便翻翻"是用各种别的矿石来比的方法，很费事，没有用真的金矿来比的明白，简单。我看现在青年的常在问人该读什么书，就是要看一看真金，免得受硫化铜的欺骗。而且一识得真金，一面也就真的识得了硫化铜，一举两得了。

但这样的好东西，在中国现有的书里，却不容易得到。我回忆自己的得到一点知识，真是苦得可怜。幼小时候，我知道中国在"盘古氏开辟天地"之后，有三皇五帝……宋朝，元朝，明朝，"我大清"。到二十岁，又听说"我们"的成吉思汗征服欧洲，是"我们"最阔气的时代。到二十五岁，才知道所谓这"我们"最阔气的时代，其实是蒙古人征服了中国，我们做了奴才。直到今年八月里，因为要查一点故事，翻了三部蒙古史，这才明白蒙古人的征服"斡罗思",侵入匈奥,还在征服全中国之前,那时的成吉思还不是我们的汗,倒是俄人被奴的资格比我们老,应该他们说"我们的成吉思汗征服中国,是我们最阔气的时代"的。

我久不看现行的历史教科书了,不知道里面怎么说;但在报章杂志上,却有时还看见以成吉思汗自豪的文章。事情早已过去了,原没有什么大关系,但也许正有着大关系,而且无论如何,总是说些真实的好。所以我想,无论是学文学的,学科学的,他应该先看一部关于历史的简明而可靠的书。但如果他专讲天王星,或海王星,虾蟆的神经细胞,或只咏梅花,叫妹妹,不发关于社会的议论,那么,自然,不看也可以的。

我自己,是因为懂一点日本文,在用日译本《世界史教程》和新出的《中国社会史》应应急的,都比我历来所见的历史书类说得明确。前一种中国曾有译本,但只有一本,后五本不译了,译得怎样,因为没有见过,不知道。后一种中国倒先有译本，叫作《中国社会发展史》，不过据日译者说，是多错误，有删节，靠不住的。

我还在希望中国有这两部书。又希望不要一哄而来，一哄而散，要译，就译他完；也不要删节，要删节，就得声明，但最好还是译得小心，完全，替作者和读者想一想。

（本篇最初发表于一九三四年十一月上海《读书生活》月刊第一卷第二期，署名公汗。）

朱自清

论百读不厌

前些日子参加了一个讨论会，讨论赵树理先生的《李有才板话》。座中一位青年提出了一件事实：他读了这本书觉得好，可是不想重读一遍。大家费了一些时候讨论这件事实。有人表示意见，说不想重读一遍，未必减少这本书的好，未必减少它的价值。但是时间匆促，大家没有达到明确的结论。一方面似乎大家也都没有重读过这本书，并且似乎从没有想到重读它。然而问题不但关于这一本书，而是关于一切文艺作品。为什么一些作品有人"百读不厌"，另一些却有人不想读第二遍呢？是作品的不同吗？是读的人不同吗？如果是作品不同，"百读不厌"是不是作品评价的一个标准呢？这些都值得我们思索一番。

論百读不厌

苏东坡有《送章（安）惇秀才失解西归》诗，
开头两句是：

旧书不厌百回读，

熟读深思子自知。

"百读不厌"这个成语就出在这里。"旧书"
指的是经典，所以要"熟读深思"。《三国志·魏
志·王肃传·注》：

人有从（董遇）学者，遇不肯教，而云
"必当先读百遍"，言"读书百遍而意自见"。

经典文字简短，意思深长，要多读，熟读，仔
细玩味，才能了解和体会。所谓"意自见"，"子自
知"，着重自然而然，这是不能着急的。这诗句原
是安慰和勉励那考试失败的章惇秀才的话，劝他回
家再去安心读书，说"旧书"不嫌多读，越读越玩
味越有意思。固然经典值得"百回读"，但是这里
着重的还在那读书的人。简化成"百读不厌"这个
成语，却就着重在读的书或作品了。这成语常跟另
一成语"爱不释手"配合着，在读的时候"爱不释

论旧剧

朱自清

新文學運動的開始，鬥爭的對象主要的是古文，其次是「禮拜六」派或鴛鴦蝴蝶派的小說，又其次是舊劇（戲），還有文明戲。他們說古文是死了，舊戲固然陳腐、簡單、幼稚、嘈雜，不真切，武場更只是雜耍，不是戲。鴛鴦蝴蝶派的小說意在供人茶餘酒後消遣，不嚴肅，文明戲更是不顧一切的專迎合人們的低級趣味。白話總算打倒了古文，雖然還有些擬古的工作；話劇打倒了文明戲，可是舊戲還直挺挺的站着，新歌劇還在難產之中。鴛鴦蝴

朱自清手迹

手"，读过了以后"百读不厌"。这是一种赞词和评语，传统上确乎是一个评价的标准。当然，"百读"只是"重读""多读""屡读"的意思，并不一定一遍接着一遍的读下去。

经典给人知识，教给人怎样做人，其中有许多语言的、历史的、修养的课题，有许多注解，此外还有许多相关的考证，读上百遍，也未必能够处处贯通，教人多读是有道理的。但是后来所谓"百读不厌"，往往不指经典而指一些诗，一些文，以及一些小说；这些作品读起来津津有味，重读，屡读也不腻味，所以说"不厌"；"不厌"不但是"不讨厌"，并且是"不厌倦"。诗文和小说都是文艺作品，这里面也有一些语言和历史的课题，诗文也有些注解和考证；小说方面呢，却直到近代才有人注意这些课题，于是也有了种种考证。但是过去一般读者只注意诗文的注解，不大留心那些课题，对于小说更其如此。他们集中在本文的吟诵或浏览上。这些人吟诵诗文是为了欣赏，甚至于只为了消遣，浏览或阅读小说更只是为了消遣，他们要求的是趣味，是快感。这跟诵读经典不一样。诵读经典是为了知识，为了教训，得认真，严肃，正襟危坐的读，不像读诗文和小说可以马马虎虎的，随随便便的，在床上，在火车轮船上都成。这么着可还能够教人"百读不厌"，那些诗文和小说到底是靠了什么呢？

在笔者看来，诗文主要是靠了声调，小说主要是靠了情节。过去一般读者大概都会吟诵，他们吟诵诗文，从那吟诵的声调或吟诵的音乐得到趣味或快感，意义的关系很少；只要懂得字面儿，全篇的意义弄不清楚也不要紧的。梁启超先生说过李义山的一些诗，虽然不懂得究竟是什么意思，可是读起来还是很有趣味（大意）。这种趣味大概一部分在那些字面儿的影象上，一部分就在那七言律诗的音乐上。字面儿的影象引起人们奇丽的感觉，这种影象所表示的往往是珍奇，华丽的景物，平常人不容易接触到的，所谓"七宝楼台"之类。民间文艺里

常常见到的"牙床"等等，也正是这种作用。民间
流行的小调以音乐为主，而不注重词句，欣赏也偏
重在音乐上，跟吟诵诗文也正相同。感觉的享受似
乎是直接的，本能的，即使是字面儿的影象所引起
的感觉，也还多少有这种情形，至于小调和吟诵，
更显然直接诉诸听觉，难怪容易唤起普遍的趣味和
快感。至于意义的欣赏，得靠综合诸感觉的想象
力，这个得有长期的教养才成。然而就像教养很深
的梁启超先生，有时也还让感觉领着走，足见感觉
的力量之大。

小说的"百读不厌"，主要的是靠了故事或情
节。人们在儿童时代就爱听故事，尤其爱奇怪的故
事。成人也还是爱故事，不过那情节得复杂些。这
些故事大概总是神仙、武侠、才子、佳人，经过种
种悲欢离合，而以大团圆终场。悲欢离合总得不同
寻常，那大团圆才足奇。小说本来起于民间，起于
农民和小市民之间。在封建社会里，农民和小市民
是受着重重压迫的，他们没有多少自由，却有做白

日梦的自由。他们寄托他们的希望于超现实的神仙，神仙化的武侠，以及望之若神仙的上层社会的才子佳人；他们希望有朝一日自己会变成了这样的人物。这自然是不能实现的奇迹，可是能够给他们安慰、趣味和快感。他们要大团圆，正因为他们一辈子是难得大团圆的，奇情也正是常情啊。他们同情故事中的人物，"设身处地"的"替古人担忧"，这也因为事奇人奇的原故。过去的小说似乎始终没有完全移交到士大夫的手里。士大夫读小说，只是看闲书，就是作小说，也只是游戏文章，总而言之，消遣而已。他们得化装为小市民来欣赏，来写作；在他们看，小说奇于事实，只是一种玩艺儿，所以不能认真、严肃，只是消遣而已。

封建社会渐渐垮了，五四时代出现了个人，出现了自我，同时成立了新文学。新文学提高了文学的地位；文学也给人知识，也教给人怎样做人，不是做别人的，而是做自己的人。可是这时候写作新文学和阅读新文学的，只是那变了质的下降的士和那变了质的上升的农民和小市民混合成的知识阶级，别的人是不愿来或不能来参加的。而新文学跟过去的诗文和小说不同之处，就在它是认真的负着使命。早期的反封建也罢，后来的反帝国主义也罢，写实的也罢，浪漫的和感伤的也罢，文学作品总是一本正经的在表现着并且批评着生活。这么着文学扬弃了消遣的气氛，回到了严肃——古代贵族的文学如《诗经》，倒本来是严肃的。这负着严肃的使命的文学，自然不再注重"传奇"，不再注重趣味和快感，读起来也得正襟危坐，跟读经典差不多，不能再那么马马虎虎，随随便便的。但是究竟是形象化的，诉诸情感的，跟经典以冰冷的抽象的理智的教训为主不同，又是现代的白话，没有那些语言的和历史的问题，所以还能够吸引许多读者自动去读。不过教人"百读不厌"甚至教人想去重读一遍的作用，的确是很少了。

新诗或白话诗，和白话文，都脱离了那多多少少带着人工的、音乐的声调，而用着接近说话的声调。喜欢古诗、律诗和骈文、古文的失望了，他们尤其反对这不能吟诵的白话新诗；因为诗出于歌，一直不曾跟音乐完全分家，他们是不愿扬弃这个传统的。然而诗终于转到意义中心的阶段了。古代的音乐是一种说话，所谓"乐语"，后来的音乐独立发展，变成"好听"为主了。现在的诗既负上自觉的使命，它得说出人人心中所欲言而不能言的，自然就不注重音乐而注重意义了。——一方面音乐大概也在渐渐注重意义，回到说话罢？——字面儿的影象还是用得着，不过一般的看起来，影象本身，不论是鲜明的，朦胧的，可以独立的诉诸感觉的，是不够吸引人了；影象如果必需得用，就要配合全诗的各部分完成那中心的意义，说出那要说的话。在这动乱时代，人们着急要说话，因为要说的话实在太多。小说也不注重故事或情节了，它的使命比诗更见分明。它可以不靠描写，只靠对话，说出所要说的。这里面神仙、武侠、才子、佳人，都不大出现了，偶然出现，也得打扮成平常人；是的，这时候的小说的人物，主要的是些平常人了，这是平民世纪啊。至于文，长篇议论文发展了工具性，让人们更如意的也更精密的说出他们的话，但是这已经成为诉诸理性的了。诉诸情感的是那发展在后的小品散文，就是那标榜"生活的艺术"，抒写"身边琐事"的。这倒是回到趣味中心，企图着教人"百读不厌"的，确乎也风行过一时。然而时代太紧张了，不容许人们那么悠闲；大家嫌小品文近乎所谓"软性"，丢下了它去找那"硬性"的东西。

文艺作品的读者变了质了，作品本身也变了质了，意义和使命压下了趣味，认识和行动压下了快感。这也许就是所谓"硬"的解释。"硬性"的作品得一本正经的读，自然就不容易让人"爱不释手"，"百读不厌"。于是"百读不厌"就不成其为评价的标准了，至少不成其为主要的标准了。但是文艺是欣赏的对象，它究竟是形象化的，诉诸情感的，怎么"硬"也不能"硬"到和论文或公式一样。诗虽然不必再讲那带几分机械性的声调，却不能不讲节奏，说话不也有轻重高低快慢吗？节奏合式，才能集中，才能够高度集中。文也有文的节奏，配合着意义使意义集中。小说是不注重故事或情节了，但也总得有些契机来表现生活和批评它；这些契机得费心思去选择和配合，才能够将那要说的话，要传达的意义，完整的说出来，传达出来。集中了的完整了的意义，才见出情感，才让人乐意接受，"欣赏"就是"乐意接受"的意思。能够这样让人欣赏的作品是好的，是否"百读不厌"，可以不论。在这种情形之下，笔者同意：《李有才板话》即使没有人想重读一遍，也不减少它的价值，它的好。

但是在我们的现代文艺里，让人"百读不厌"的作品也有的。例如鲁迅先生的《阿Q正传》，茅盾先生的《幻灭》《动摇》《追求》三部曲，笔者都读过不止一回，想来读过不止一回的人该不少罢。在笔者本人，大概是《阿Q正传》里的幽默和三部曲里的几个女性吸引住了我。这几个作品的好已经定论，它们的意义和使命大家也都熟悉，这里说的只是它们让笔者"百读不厌"的因素。《阿Q正传》主要的作用不在幽默，那三部曲的主要作用也不在铸造几个女性，但是这些却可能产生让人"百读不厌"的趣味。这种趣味虽然不是必要的，却也可以增加作品的力量。不过这里的幽默决不是油滑的，无聊的，也决不是为幽默而幽默，而女性也决不就是色情，这个界限是得弄清楚的。抗战期中，文艺作品尤其是小说的读众大大的增加了。增加的多半是小市民的读者，他们要求消遣，要求趣味和快感。扩大了的读众，有着这样的要求也是很自然的。长篇小说的流行就是这个要求的反应，因为篇幅长，故事就长，情节就多，趣味也就丰富了。这可以促进长篇小说的发展，倒是很好的。可是有些作者却因为这样的要求，忘记了自己的边界，放纵到色情上，以及粗劣的笑料上，去吸引读众，这只是迎合低级趣味。而读者贪读这一类低级的软性的作品，也只是沉溺，说不上"百读不厌"。"百读不厌"究竟是个赞词或评语，虽然以趣味为主，总要是纯正的趣味才说得上的。

（原载 1947 年 11 月 15 日《文讯》月刊第七卷第五期）

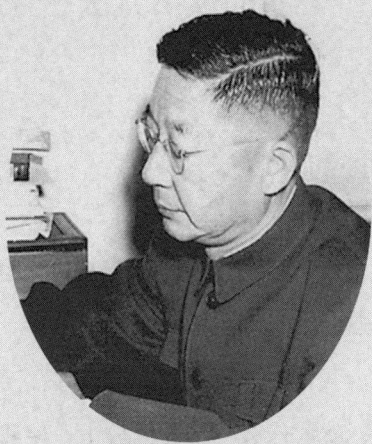

老舍

我的读书方法

　　怎样读书，在这里，是个自决的问题；我说我的，没勉强谁跟我学。

　　第一，我读书没系统。借着什么，买着什么，遇着什么，就读什么。不懂的放下，使我糊涂的放下，没趣味的放下，不客气。我不能叫书管着我。

　　第二，读得很快，而不记住，书要都叫我记住，还要书干吗？书应该记住自己。对我，最讨厌的发问是："那个典故是哪儿的呢？""那句话是怎么来着？"我永不回答这样的考问，即使我记得。我又不是印刷机器养的，管你这一套！读得快，因为我有时候跳过几页去。不合我的意，我就练习跳远。书要是不服气的话，来跳我呀！看侦探小说的时候，我先看最后的几页，省事。

214

第三，读完一本书，没有批评，谁也不告诉。一告诉就糟："嘿，你读《啼笑因缘》？"要大家都不读《啼笑因缘》，人家写它干吗呢？一批评就糟："尊家这点意见？"我不惹气。读完一本书再打通儿架，不上算。我有我的爱与不爱，存在我自己心里。我爱念什么就念，有什么心得我自己知道，这是种享受，虽然显得自私一点。

再说呢，我读书似乎只要求一点灵感。"印象甚佳"便是好书，我没工夫去细细分析它，所以根本便不能批评。"印象甚佳"有时候并不是全书的，而是书中的一段最入我的味，因为这一段使我对这全书有了好感。其实这一段的美或者正足以破坏了全体的美，但是我不去管；有一段叫我喜欢两天的，我就感谢不尽。因此，设若我真去批评，大概是高明不了。

第四，我不读自己的书，不愿谈论自己的书。"儿子是自己的好"，我有个小女儿，女儿能不能代表儿子，就不得而知。"老婆是别人的好"，我也不

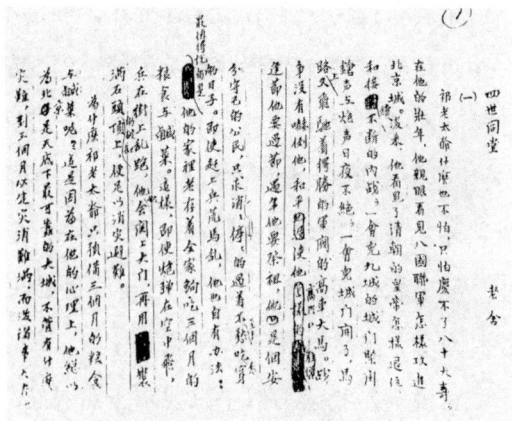

老舍《四世同堂》手稿

敢加以拥护，特别是在家里。但是我准知道，书是别人的好。别人的书自然未必都好，可是至少给我一点我不知道的东西。自己的，一提都头疼！自己的书和自己的运气，好像永远是一对儿累赘。

第五，哼，算了吧。

附录　给读者的推荐好书

2017 年"中国好书"

（中央电视台、中国图书评论学会）

一、年度荣誉图书

《习近平谈治国理政》（第二卷）：习近平著，外文出版社

《习近平讲故事》：人民日报评论部著，人民出版社

二、主题出版类

《华为创新》：周留征著，机械工业出版社

《试飞英雄》：张子影著，安徽人民出版社、安徽文艺出版社

《心有大我 至诚报国——黄大年》：吴晶、陈聪著，时代文艺出版社

《中国的和平发展道路》：张宇燕、冯维江著，中国社会科学出版社

三、人文社科类

《读懂中国经济》：蔡昉著，中信出版社

《付费：互联网知识经济的兴起》：方军著，机械工业出版社

《国粹：人文传承书》：王充闾著，北京大学出版社

《梦与真——许渊冲自述》：许渊冲著，河南文艺出版社

《五百年来王阳明》：郦波著，上海人民出版社

《影响未来的新科技新产业》：中国社会科学院

工业经济研究所未来产业研究组著，中信出版社

四、文学艺术类

《诗的八堂课》：江弱水著，商务印书馆

《古砖花供——六舟与19世纪的学术和艺术》：王屹峰著，浙江人民美术出版社

《美在天真：新凤霞自述》：新凤霞著，山东画报出版社

《平原客》：李佩甫著，花城出版社

《乔家大院》（第二部）：朱秀海著，中国青年出版社

《好诗不厌百回读》：袁行霈著，北京出版社

《全球景观中的中国古代艺术》：巫鸿著，生活·读书·新知三联书店

《重庆之眼》：范稳著，重庆出版社

《我们的老院》：肖复兴著，北京十月文艺出版社

《遥远的向日葵地》：李娟著，花城出版社

《中关村笔记》：宁肯著，北京十月文艺出版社

五、少儿类

《阿莲》：汤素兰著，湖南少年儿童出版社

《花儿与歌声》：孟宪明著，海燕出版社

《伟大也要有人懂：小目标 大目标 中国共产党一路走来》：陈晋著，中国少年儿童出版社

六、科普生活类

《三磅宇宙与神奇心智》：顾凡及著，上海科技教育出版社

《医本正经》：懒兔子著绘，科学技术文献出版社

《中国三十大发明》：华觉明、冯立昇主编，大象出版社

2016年"中国好书"

（中央电视台、中国图书评论学会）

一、年度荣誉图书

《习近平总书记系列重要讲话读本（2016年版）》：中共中央宣传部编，学习出版社、人民出版社

《中国共产党的九十年》：中共中央党史研究室著，中共党史出版社、党建读物出版社

二、主题出版类

《生死关头——中国共产党的道路抉择》：金冲及著，生活·读书·新知三联书店

《马克思主义十五讲》：陈先达著，人民出版社

《穿越历史时空看长征》：王新生著，中共党史出版社

《世界是通的："一带一路"的逻辑》：王义桅

著，商务印书馆

《中国机器人》：王鸿鹏、马娜著，辽宁人民出版社

《大国担当：中国人民解放军援塞医疗队抗击埃博拉疫情纪实》：王锦秋、洪建国著，时代文艺出版社

三、人文社科类

《海昏侯刘贺》：辛德勇著，生活·读书·新知三联书店

《中国古代建筑概说》：傅熹年著，北京出版社

《中国的坎：如何跨越"中等收入陷阱"》：贾康、苏京春著，中信出版社

《锦程：中国丝绸与丝绸之路》：赵丰著，黄山书社

《文字小讲》：许进雄著，天津人民出版社

《庄子哲学讲记》：郑开著，广西人民出版社

《〈资治通鉴〉与家国兴衰》：张国刚著，中华

书局

《造房子》：王澍著，湖南美术出版社

四、文学艺术类

《北鸢》：葛亮著，人民文学出版社

《古乐之美》：苏泓月著，人民音乐出版社

《望春风》：格非著，译林出版社

《中国艺术史九讲》：方闻著、谈晟广编，上海书画出版社

《水墨戏剧》：洛地撰文、洛齐绘画，漓江出版社

《如果大雪封门》：徐则臣著，北京十月文艺出版社

《林散之年谱》：邵川著，江苏凤凰文艺出版社

五、少儿类

《伟大也要有人懂：一起来读毛泽东》：韩毓海著，中国少年儿童出版社、北京大学出版社

《布罗镇的邮递员》：郭姜燕著，少年儿童出版社

《童眸》：黄蓓佳著，江苏凤凰少年儿童出版社

《面包男孩》：李姗姗著，北京时代华文书局

六、科普生活类

《中国古代重要科技发明创造》：中国科学院自然科学史研究所编著，中国科学技术出版社

《航天育种简史》：郭锐、李军著，陕西科学技术出版社

《胡大一医生浅谈心脏健康》：胡大一主编，中国轻工业出版社

2015 年"中国好书"

(中央电视台、中国图书评论学会)

一、年度荣誉图书

《习近平总书记在文艺工作座谈会上的重要讲话学习读本》：中共中央宣传部编，学习出版社

《做焦裕禄式的县委书记》：习近平著，中央文献出版社

《重读抗战家书》：中共中央宣传部宣传教育局编，中华书局

《抗战家书：我们先辈的抗战记忆》：中国人民抗日战争纪念馆、中国人民大学博物馆编，中国人民大学出版社

二、主题出版类

《抗日战争》：王树增著，人民文学出版社

《"一带一路"：机遇与挑战》：王义桅著，人民出版社

《谢觉哉家书》：谢觉哉著，谢飞编选，生活·读书·新知三联书店

《高思在云：中国兴起与全球秩序重组》：朱云汉著，中国人民大学出版社

《读懂中国农业》：张云华著，上海远东出版社

三、人文社科类

《故宫营造》：单士元著，中华书局

《文言浅说》：瞿蜕园、周紫宜著，当代中国出版社

《桯柿楼集：唐宋家具寻微》：扬之水著，人民美术出版社

《楚亡：从项羽到韩信》：李开元著，生活·读书·新知三联书店

《国史讲话：春秋》：顾颉刚、童书业撰，上海人民出版社

《孔学古微》：徐梵澄著，李文彬译，孙波校，华东师范大学出版社

四、文学艺术类

《装台》：陈彦著，作家出版社

《曲终人在》：周大新著，人民文学出版社

《敦煌石窟艺术简史》：赵声良著，中国青年出版社

《布衣壶宗：顾景舟传》：徐风著，江苏凤凰文艺出版社

《黑白男女》：刘庆邦著，上海文艺出版社

《新诗十讲》：孙玉石著，中信出版社

《苏辛词说》：顾随著，陈均校，北京出版社

五、少儿类

《寻找鱼王》：张炜著，明天出版社

《将军胡同》：史雷著，天天出版社

《致成长中的你——十五封青春书简》：殷健灵

著，长江文艺出版社

《森林里的小火车》：彭学军著，二十一世纪出版社

六、科普生活类

《癌症·真相：医生也在读》：菠萝著，清华大学出版社

《草木缘情：中国古典文学中的植物世界》：潘富俊著，商务印书馆

2014 年"中国好书"

（中央电视台、中国图书评论学会）

一、年度荣誉图书

《习近平总书记在文艺工作座谈会上的重要讲话学习读本》：中共中央宣传部编，学习出版社

《习近平谈治国理政》：习近平著，外文出版社

二、主题出版类

《邓小平传：1904—1974》（上、下）：中共中央文献研究室编，中央文献出版社

《一篇读罢头飞雪，重读马克思》：韩毓海著，中信出版社

《道路自信：中国为什么能》：玛雅著，北京联合出版公司、中信出版社

《雪域长歌——西藏 1949—1960》：张小康著，

四川人民出版社、中共党史出版社

三、社会科学类

《1944：腾冲之围》：余戈著，生活·读书·新知三联书店

《甲午殇思》：刘声东、张铁柱主编，刘亚洲等撰文，上海远东出版社

《中国古代物质文化》：孙机著，中华书局

《文明之光》（第一、二册）：吴军著，人民邮电出版社

《她们知道我来过：中国首部高危老人深度关怀笔记》：张大诺著，中国青年出版社

《万万没想到：用理工科思维理解世界》：万维钢著，电子工业出版社

《建筑的意境》：萧默著，中华书局

四、文学艺术类

《瞻对：终于融化的铁疙瘩——一个两百年的

康巴传奇》：阿来著，四川文艺出版社

《人间词话七讲》：[加] 叶嘉莹著，北京大学出版社

《洗澡之后》：杨绛著，人民文学出版社

《时间移民》：刘慈欣著，江苏凤凰文艺出版社

《奇士王世襄》：窦忠如著，北京出版社

《先前的风气》：穆涛著，陕西师范大学出版总社有限公司

《上庄记》：季栋梁著，北京十月文艺出版社

《极简中国书法史》：刘涛著，人民美术出版社

《从你的全世界路过》：张嘉佳著，湖南文艺出版社

五、少儿类

《点亮小橘灯：金波80岁寄小读者》：金波著，中国少年儿童出版社

《小水的除夕》：祁智著，江苏凤凰少年儿童出版社

《少年的荣耀》：李东华著，希望出版社

六、科普生活类

《小楼与大师：科学殿堂的人和事》：卢昌海著，清华大学出版社

《虫子旁》：朱赢椿著，湖南人民出版社

《最美的教育最简单》：尹建莉著，作家出版社

七、引进版图书

《看不见的森林：林中自然笔记》：[美] 戴维·乔治·哈斯凯尔著，熊姣译，商务印书馆

《我的简史》：[英] 史蒂芬·霍金著，吴忠超译，湖南科学技术出版社

2013年"中国好书"

（中央电视台、中国图书评论学会）

《繁花》：金宇澄著，上海文艺出版社

《出梁庄记》：梁鸿著，花城出版社

《小艾，爸爸特别特别地想你!》：丁午著，人民美术出版社

《带灯》：贾平凹著，人民文学出版社

《中国经济双重转型之路》：厉以宁著，中国人民大学出版社

《正道沧桑——社会主义500年》：中共北京市委宣传部、中共北京市委讲师团、北京电视台编著，北京出版社、中共党史出版社

《我爱平底锅（不一样的卡梅拉12)》：[法]克里斯提·约里波瓦文、[法]克里斯提昂·艾利施图著，郑迪蔚译，二十一世纪出版社

《科学外史》：江晓原著，复旦大学出版社

《苦难辉煌：中国共产党的力量从哪里来?》：金一南、徐海鹰著，海峡书局

《改革是中国最大的红利》：成思危、厉以宁等著，人民出版社

《丁丁当当》：曹文轩著，中国少年儿童出版社

《毛泽东年谱（1949—1976)》：中共中央文献研究室编，中央文献出版社

《苏共亡党二十年祭》：黄苇町著，江西高校出版社

《洪业传》：[美] 陈毓贤著，商务印书馆

《南画十六观》：朱良志著，北京大学出版社

《这边风景》（上、下）：王蒙著，花城出版社

《站在两个世界的边缘》：程浩著，广西师范大学出版社

《变革中国：市场经济的中国之路》：[英] 罗纳德·哈里·科斯、王宁著，徐尧、李哲民译，中信出版社

《等一个人咖啡》：九把刀著，现代出版社

《大数据时代》：[英] 维克托·迈尔‑舍恩伯格、肯尼思·库克耶著，盛杨燕、周涛译，浙江人民出版社

《3D 打印：从想象到现实》：[美] 胡迪·利普森、梅尔芭·库曼著，赛迪研究院专家组译，中信出版社

《拥抱》：幾米著，海豚出版社

《绝望锻炼了我：朴槿惠自传》：[韩国] 朴槿惠著，蓝青荣、宇秀美、邱敏瑶、尹嘉玄译，译林出版社

《只有医生知道!》（1）：张羽著，江苏人民出版社

《钱文忠解读〈百家姓〉》：钱文忠著，江苏文艺出版社

清华大学图书馆2017年
借阅排行榜前十

《平凡的世界》：路遥著，北京十月文艺出版社

《明朝那些事儿》：当年明月著，浙江人民出版社

《射雕英雄传》：金庸著，广州出版社

《毛泽东选集》：毛泽东著，人民出版社

《天龙八部》：金庸著，广州出版社

《围城》：钱锺书著，人民文学出版社

《冰与火之歌》：[美] 乔治·R.R·马丁著，屈畅、胡绍晏译，重庆出版社

《倚天屠龙记》：金庸著，广州出版社

《三体》：刘慈欣著，重庆出版社

《解忧杂货店》：[日] 东野圭吾著，李盈春译，南海出版公司

北京大学图书馆 2017 年中文图书外借热度排行前十

《营改增的大时代——政策透析与解决方案》：郝龙航、王骏著，中国市场出版社

《1Q84 BOOK2（7月—9月）》：[日] 村上春树著，施小炜译，南海出版公司

《家庭、私有制和国家的起源》：[德] 恩格斯著，中共中央马克思恩格斯列宁斯大林著作编译局译，人民出版社

《德意志意识形态》：[德] 马克思、恩格斯著，中共中央马克思恩格斯列宁斯大林著作编译局译，人民出版社

《自杀论》：[法] 埃米尔·迪尔凯姆著，冯韵文译，商务印书馆

《1844 年经济学哲学手稿》：[德] 马克思、恩格斯著，中共中央马克思恩格斯列宁斯大林著作编

译局译，人民出版社

《心理学与生活》：［美］理查德·格里格、菲利普·津巴多著，王垒、王甦、晓林等译，人民邮电出版社

《1Q84 BOOK1（4月—6月）》：［日］村上春树著，施小炜译，南海出版公司

《利维坦》：［英］霍布斯著，黎思复、黎廷弼译，商务印书馆

《文明的冲突与世界秩序的重建》：［美］塞缪尔·亨廷顿著，周琪、刘绯、张立平、王圆译，新华出版社

《挪威的森林》：［日］村上春树著，林少华译，上海译文出版社

中国人民大学图书馆2017年度
借阅排行榜前七

《激荡三十年》：吴晓波著，中信出版集团

《平凡的世界》：路遥著，北京十月文艺出版社

《明朝那些事儿》：当年明月著，浙江人民出版社

《马克思恩格斯文集》：中共中央马克思恩格斯列宁斯大林著作编译局编，人民出版社

《盗墓笔记》：南派三叔著，上海文化出版社

《当代世界经济与政治》：李景治、林甦主编，刘丽云、罗天虹副主编，中国人民大学出版社

《万历十五年》：黄仁宇著，生活·读书·新知三联书店

复旦大学图书馆2016年度文科图书借阅排行榜前五、年度预约最多的五本图书

文科图书借阅前五：

《资治通鉴》：（宋）司马光撰，岳麓书社

《马克思恩格斯选集》：中共中央马克思恩格斯列宁斯大林著作编译局编，人民出版社

《日本学者研究中国史论著选译第三卷（上古秦汉卷)》：刘俊文主编，黄金山、孔繁敏等译，中华书局

《毛泽东选集》：毛泽东著，人民出版社

《国史大纲》：钱穆著，商务印书馆

年度预约最多的五本图书：

《解忧杂货店》：［日］东野圭吾著，李盈春译，南海出版公司

《如何阅读一本书》：［美］莫提默·J.艾德勒、

查尔斯·范多伦著，郝明义、朱衣译，商务印书馆

《人类简史：从动物到上帝》：[以色列] 尤瓦尔·赫拉利著，林俊宏译，中信出版社

《心理学与生活》：[美] 理查德·格里格、菲利普·津巴多著，王垒、王甦、晓林等译，人民邮电出版社

《平凡的世界》：路遥著，北京十月文艺出版社

上海交通大学图书馆 2017 年度
阅读报告上榜的九种图书

传统文化经典作品：

《红楼梦》：(清) 曹雪芹著，人民文学出版社

《十三经注疏（清嘉庆刊本影印本)》：(清) 阮元校刻，中华书局

《万历十五年》：黄仁宇著，生活·读书·新知三联书店

十九大系列图书借阅热点：

《平易近人：习近平的语言力量》：陈锡喜主编，张曦主审，丁晓萍、汪雨申、黄庆桥编著，上海交通大学出版社

《习近平的七年知青岁月》：中央党校采访实录编辑室著，中共中央党校出版社

《习近平讲故事》：人民日报评论部著，人民出版社

"人工智能"相关图书借阅热点：

《机器学习》：周志华著，清华大学出版社

《Python 基础教程》：［挪］芒努斯·利·海特兰德著，袁国忠译，人民邮电出版社

《机器学习实战》：［美］哈林顿著，李锐、李鹏、曲亚东、王斌译，人民邮电出版社

浙江大学图书馆 2017 年度
借阅排行榜前十

《平凡的世界》：路遥著，北京十月文艺出版社

《高效能人士的七个习惯》：[美] 史蒂芬·柯维著，高新勇、王亦兵、葛雪蕾译，中国青年出版社

《万历十五年》：黄仁宇著，生活·读书·新知三联书店

《神雕侠侣》：金庸著，广州出版社

《心理学与生活》：[美] 理查德·格里格、菲利普·津巴多著，王垒、王甦、晓林等译，人民邮电出版社

《明朝那些事儿》：当年明月著，浙江人民出版社

《国富论》：[英] 亚当·斯密著，郭大力、王亚南译，商务印书馆

《常识》：[美] 托马斯·潘恩著，马万利译，

译林出版社

《白鹿原》：陈忠实著，人民文学出版社

《天龙八部》：金庸著，广州出版社

南开大学图书馆 2017 年度
借阅排行榜前十

《源氏物语》：[日] 紫式部著，丰子恺译，人民文学出版社

《C++ 程序设计教程》：钱能著，清华大学出版社

《少帅》：张爱玲著，北京十月文艺出版社

《悲惨世界》：[法] 雨果著，李丹、方于译，人民文学出版社

《嫌疑人 X 的献身》：[日] 东野圭吾著，刘子倩译，南海出版公司

《一句顶一万句》：刘震云著，长江文艺出版社

《高等数学习题全解》：同济大学数学系编，人民邮电出版社

《Python 数据分析与挖掘实战》：张良均、王

路、谭立云、苏剑林等著，机械工业出版社

《家庭、私有制和国家的起源》：[德] 恩格斯著，中共中央马克思恩格斯列宁斯大林著作编译局译，人民出版社

《明朝那些事儿》：当年明月著，浙江人民出版社

天津大学图书馆2017年度文学类与社科类借阅排行榜前五

文学类图书借阅前五：

《银河帝国》：[美] 艾萨克·阿西莫夫著，叶李华译，江苏文艺出版社

《大秦帝国》：孙皓晖著，上海人民出版社

《1Q84 BOOK1（4月—6月）》：[日] 村上春树著，施小炜译，南海出版公司

《九州缥缈录》：江南著，人民文学出版社

《全职高手》：蝴蝶蓝著，猫树绘，羊城晚报出版社

社科类图书借阅前五：

《明朝那些事儿》：当年明月著，浙江人民出版社

《鱼羊野史》：高晓松著，广东人民出版社

《卑鄙的圣人曹操》：王晓磊著，江苏文艺出

版社

　　《毛泽东选集》：毛泽东著，人民出版社

　　《蔡康永的说话之道》：蔡康永著，湖南文艺出

版社

武汉大学图书馆 2017 年度
借阅排行榜前十

《明朝那些事儿》：当年明月著，浙江人民出版社

《平凡的世界》：路遥著，北京十月文艺出版社

《神雕侠侣》：金庸著，广州出版社

《经济学原理》：［美］曼昆（N. Gregory Mankiw）著，梁小民、梁砾译，北京大学出版社

《九州缥缈录》：江南著，人民文学出版社

《深夜食堂》：［日］安倍夜郎著，陈颖译，湖南文艺出版社

《大秦帝国》：孙皓晖著，中信出版集团

《读库》：张立宪编，新星出版社

《陆小凤传奇》：古龙著，河南文艺出版社

《茶花女》：［法］小仲马著，王振孙译，人民文学出版社

厦门大学人文社科图书借阅前五、理工类图书借阅前五

人文社科类：

《彷徨之刃》：［日］东野圭吾著，刘珮瑄译，南海出版公司

《我们仨》：杨绛著，生活·读书·新知三联书店

《海边的卡夫卡》：［日］村上春树著，林少华译，上海译文出版社

《倾城之恋》：张爱玲著，北京十月文艺出版社

《无人生还》：［英］阿加莎·克里斯蒂著，夏阳译，新星出版社

理工类：

《Head First Python（中文版）》：［美］巴里（P. Barry）著，林琪等译，中国电力出版社

《美国大城市的死与生》：［加］简·雅各布斯

著，金衡山译，译林出版社

《时间简史（插图本）》：［英］史蒂芬·霍金著，许明贤、吴忠超译，湖南科学技术出版社

《数学之美》：吴军著，人民邮电出版社

《大话数据结构》：程杰著，清华大学出版社

责任编辑：王　淼
封面设计：王欢欢　孙文君
版式设计：周涛勇
责任校对：刘　青

图书在版编目（CIP）数据

读书的方法与技巧／中国编辑学会 编 . —北京：人民出版社，2018.10
ISBN 978－7－01－019607－7

I. ①读⋯　II. ①中⋯　III. ①读书方法－文集　IV. ① G792–53

中国版本图书馆 CIP 数据核字（2018）第 168666 号

读书的方法与技巧

DUSHU DE FANGFA YU JIQIAO

中国编辑学会　编

人民出版社 出版发行
（100706　北京市东城区隆福寺街 99 号）

北京新华印刷有限公司印刷　新华书店经销

2018 年 10 月第 1 版　2018 年 10 月北京第 1 次印刷
开本：787 毫米 ×1092 毫米 1/32　印张：8.125
字数：80 千字

ISBN 978－7－01－019607－7　定价：49.80 元

邮购地址 100706　北京市东城区隆福寺街 99 号
人民东方图书销售中心　电话（010）65250042　65289539